r delaunay

Sonia Delaunay

Hajo Düchting

Robert et Sonia

DELAUNAY

Le triomphe de la couleur

Benedikt Taschen

**Ce livre a été imprimé sur du papier exempt
de chlore à 100 % suivant la norme TCF.**

© 1994 Benedikt Taschen Verlag GmbH
Hohenzollernring 53, D-50672 Köln
Pour les illustrations: © 1993 VG Bild-Kunst, Bonn
Traduction française: Fabienne Michel, Hérouville-St-Clair
Couverture: Angelika Muthesius, Cologne
Composition: Utesch Satztechnik GmbH, Hamburg

Printed in Germany
ISBN 3-8228-8974-1
F

Sommaire

Dans le sillage de l'impressionnisme

Robert Delaunay est issu d'un milieu bourgeois qui permettait à un jeune homme ouvert de s'adonner aux beaux-arts sans être tracassé par les questions d'argent. L'enfant a quatre ans lorsque son père, Georges Delaunay, un viveur mondain, se dérobe à ses obligations paternelles, laissant à sa mère la Comtesse Berthe Félicie de Rose, une femme belle, cultivée mais quelque peu excentrique, le soin d'éduquer seule l'enfant. Mais elle aussi préfère aux tâches domestiques les fréquents voyages à l'étranger et les soirées d'artistes dans son salon. Robert est donc envoyé à la campagne chez la sœur aînée de sa mère, Marie, et son mari Charles Damour, qui possèdent une belle propriété à La Ronchère près de Bourges.

Robert est élevé dans cet univers rural où s'éveillent son amour pour l'art et un vif intérêt pour les plantes, les fleurs et les animaux. Au grand regret de ses professeurs, l'enfant fait une scolarité médiocre.

Lorsque Robert n'obtient pas son diplôme en raison d'une «paresse incurable» et comme il affirme toujours avec détermination vouloir devenir peintre, son oncle l'envoie en 1902 dans un atelier de décor de théâtre chez Ronsin à Belleville. Peut-être espérait-il décourager le jeune homme en lui imposant des formats démesurés et un travail ennuyeux, et le détourner de son idéal. Mais Robert demeure fidèle à son dessein, comme le montrent les tableaux de cette période. Ses premiers paysages, sans prétention le plus souvent, rappellent par les effets de lumière et l'application de la couleur, le style de Camille Pissarro et de Claude Monet.

Les impressionnistes, ces peintres jadis décriés comme anarchistes de l'art pictural, avaient acquis depuis longtemps une forte popularité à Paris et leur succès avait même franchi les frontières. Dans toute l'Europe, les jeunes peintres à la page utilisaient le style impressionniste et se livraient à la peinture en plein air. A Paris, dans les salons annuels, on pouvait voir des peintures impressionnistes, le plus souvent exécutées par la nouvelle génération d'artistes qui, comme Jules Bastien-Lepage, mettaient à portée du public les recherches de l'avant-garde. Les maîtres de l'impressionnisme comme Monet et Renoir n'exposaient plus que chez leurs marchands attitrés, Durand-Ruel et Bernheim-Jeune. Ces jeunes peintres eux aussi avaient impulsé le développement de l'art. Dans le sillage de l'impressionnisme étaient nées de nouvelles tendances, dérivées en partie de ce style ou parfois même en opposition avec lui. Ici, il nous faut citer tout d'abord le néo-impressionnisme. Indissociable des noms de Georges Seurat et Paul Signac, ce mouvement développa un système rigide de peinture consistant à produire par petites touches sur la toile des points ou des traits brefs, qui se mélangent dans l'œil pour obtenir un maximum de clarté et de luminosité.

Robert Delaunay:
Bretonne (étude), 1904

ILLUSTRATION PAGE 6:
Robert Delaunay:
Nature morte, vases et objets, 1907–08

7

Robert Delaunay:
Paysage de La Ronchère: Bords de la Yèvre,
1903

Un autre mouvement artistique était parti de Paul Gauguin et de son groupe
à Pont-Aven. Ces peintres ne s'intéressaient pas tant à l'apparence de la nature par une observation minutieuse des reflets et des couleurs qu'à leur propre expérience visuelle, qu'ils traduisaient au moyen de couleurs simples,
fortes et de formes vigoureuses.

Comme Paul Gauguin et ses amis quelques années plus tôt, Robert Delaunay séjourne en Bretagne en 1904–05, où il peint quelques scènes expressives et vivantes de la vie quotidienne (*Le marché – paysage de Bretagne*,
1905, voir ill. p. 9). Ces toiles sont encore sous l'emprise de Claude Monet.
Dans d'autres tableaux de cette époque, Robert adopte déjà une méthode
plus «synthétique» à la manière de Gauguin. Il simplifie et réduit les
formes, éclaircit la palette impressionniste aux nuances très riches, pour ne
garder que les tons purs et clairs. L'*Autoportrait à l'estampe japonaise* de
1905 (voir ill. p. 9) montre le peintre adulte vu par lui-même, ainsi que son
évolution artistique vers des formes amples, un modelé simplifié et un chro-
matisme stylisé fondé sur les tons vert, jaune et violet. L'estampe japonaise
que l'on aperçoit en arrière-plan est sans doute une allusion au «japonisme»
très en vogue à Paris à cette époque. Fascinés par la composition audacieuse des maîtres japonais, les jeunes peintres comme Gauguin et dans sa
suite les adeptes du mouvement des nabis, Bonnard, Vuillard et Sérusier, se
réclamaient justement de ce style.

Dès l'automne de l'année 1905, le style de Robert se transforme à nouveau.
Il découvre, probablement lors d'une exposition du peintre Henri-Edmond
Cross (1856–1910), la peinture néo-impressionniste. Le sens véritable de
cette discipline – l'application de la couleur sous forme de particules autonomes qui deviennent le support d'une nouvelle démarche picturale – ne lui
apparaîtra que plus tard. Delaunay s'intéresse tout d'abord à l'application
systématique de la couleur, qu'il appréhende de manière intuitive et sponta-
née. Au dos d'un autoportrait des débuts de sa période fauve (1906, voir ill.

Sonia Delaunay:
Autoportrait, 1904

Robert Delaunay:
Le marché – paysage de Bretagne, 1905

p. 16), dont le jeu des couleurs libres traduit la prédilection de Robert pour les effets chromatiques intenses, se trouve le *Paysage au disque* (1906, voir ill. p. 10). Cette première expérience prudente des nouvelles ressources stylistiques de la couleur, conjuguée au thème du disque solaire, jouera plus tard un rôle essentiel dans l'œuvre de l'artiste.

Cette même année de 1905, Sonia Terk, une jeune femme fortunée originaire d'Ukraine, s'installe à Paris. Après avoir suivi des cours à l'académie des arts de Carlsruhe, elle est venue étudier sur place la peinture impressionniste et post-impressionniste, sous l'impulsion du critique d'art Julius Meier-Graefes et de son ouvrage «L'évolution de l'art moderne» (Entwicklungs-geschichte der modernen Kunst, 1904), une étude sur l'art moderne. Sonia s'inscrit à l'Académie de la Palette, l'une des nombreuses écoles d'art parisiennes, essentiellement fréquentée par de jeunes artistes d'origine étrangère qui ont été refusés à l'Académie des Beaux-Arts. A Paris, elle fait la connaissance de peintres qui exerceront un ascendant décisif sur son œuvre: Paul Gauguin et Vincent Van Gogh. De Gauguin, elle reprendra les contours sombres et épais qui cernent les formes et éclaircissent les couleurs enfermées, de Van Gogh, les contrastes violents fondés sur la complémentarité des couleurs (*Jeune Finlandaise*, 1907, voir ill. p. 13).

Des amis lui font rencontrer le marchand de tableaux Wilhelm Uhde qui possède dans sa collection des toiles fauves de Braque, Derain, Vlaminck et Dufy. Sonia trouve la vision de Matisse «trop bourgeoise», mais elle est enthousiasmée par les études de ses condisciples, comme en témoignent les peintures très colorées de sa période fauve (*Nu jaune*, 1908, voir ill. p. 12). En 1908, Sonia épouse Uhde; il s'agit moins d'une relation passionnée que d'une alliance pour l'amour de l'art. En effet, Uhde connaît parfaitement le monde de l'art à Paris.

«Nous savions toujours où aller pour admirer de belles toiles. Durand-Ruel, Vollard, Bernheim-Jeune se trouvaient rue Lafitte, Paul Rosenberg et Hessel

Robert Delaunay:
Autoportrait à l'estampe japonaise, 1905

Robert Delaunay:
Paysage au disque, 1906
Dans ce paysage des jeunes années, le disque émerge
déjà, ce disque que Delaunay reprendra plus tard dans
une infinité de variations comme élément de composition à la base de sa «peinture pure».

Sonia Delaunay:
Ile Saint-Louis, 1906

Robert Delaunay:
Portrait d'Henri Carlier, 1906

Robert Delaunay:
Nu aux ibis, 1907

avenue de l'Opéra, Druet dans le Faubourg St-Honoré. Il y avait bien encore trois ou quatre petites galeries, mais c'était tout. Les peintres impressionnistes étaient la majorité; après de graves crises matérielles, après avoir été bafoués et vilipendés durant des années, Durand-Ruel avait réussi à les faire accepter du public. Dans sa vitrine et dans son appartement, on pouvait voir leur triomphe… Cézanne et Gauguin étaient exposés rue Lafitte, dans la vitrine de Vollard, non loin des boulevards. Un peu plus haut, Bernheim-Jeune avait une petite galerie qui recelait de magnifiques tableaux de Bonnard, Vuillard, mais aussi de Signac et de Cross. A cette époque, il était très facile de prendre connaissance de l'actualité artistique à Paris. Deux heures suffisaient pour visiter toutes les galeries de peinture moderne; en trois jours, on pouvait s'informer sur les peintres.»[1]

Le monde de l'art était encore petit et l'on en faisait vite le tour. Tôt ou tard, Robert devait rencontrer Uhde et sa jeune épouse, qui accueillaient les jeunes peintres dans leur salon. En 1907, Robert avait exécuté un portrait de Uhde dans un style néo-impressionniste (*Portrait de Wilhelm Uhde*, 1907, collection particulière), qu'il utilisait depuis maintenant deux ans pour traiter tous ses thèmes, natures mortes, portraits ou paysages. D'un point de vue actuel, tout cela peut sembler trop intentionnel, et parfois même purement académique, à plus forte raison lorsque le portrait proprement dit – le motif principal – est peint selon des procédés descriptifs comme le fut celui de Uhde. Le *Portrait d'Henri Carlier* (1906, voir ill. p. 11) est mieux réussi. Ici, Ro-

11

bert représente en plein air, plongé dans sa lecture, le fils d'un parent éloigné de sa mère. Les petites touches de couleur disposées à la manière d'une mosaïque, s'étendent à la composition toute entière; le sujet et le fond sont transposés dans une ornementation quasi orientale, avec une profusion de tons et de contrastes entre les rouges, les verts, les bleus, qui confèrent à l'image un reflet chatoyant.

Robert réussit le mieux ce type d'analyse avec ses natures mortes comme, par exemple, la *Nature morte au perroquet* de 1907 (voir ill. p. 14). Dans cette composition, les petites taches de couleur suivent le rythme du dessin; elles ont un rôle purement décoratif et expriment l'éclat et la splendeur. Ici, il n'est déjà plus question de néo-impressionnisme. Les nuances de style les plus diverses se mêlent en une synthèse tout à fait originale: la texture chromatique de cette image s'inspire des mosaïques de Cross, la couleur rappelle les Fauves, le thème suggère les scènes intimistes de Bonnard et Vuillard qui s'accordaient le plus avec le style de vie de Delaunay à cette époque.

Robert parcourt rapidement toutes les tendances de l'art moderne, depuis l'impressionnisme jusqu'au synthétisme et au fauvisme, sans omettre le néo-impressionnisme, montrant ainsi à quel point il était ouvert à toutes les ressources de l'expression plastique. L'esthétique des nabis l'aurait peut-être davantage marqué si, en 1907, il n'avait commencé à s'intéresser à Paul Cézanne (1839–1906) dont on pouvait justement admirer l'œuvre colossale dans une exposition rétrospective au Salon d'Automne. Delaunay allait partir, peu de temps après, à la conquête de la couleur en défiant le monde de l'art tout entier, mais jamais il n'oublierait: «Nous sommes à l'ABC d'une nouvelle expression et on passera par nous comme nous, nous avons passé par Cézanne.» Dans un premier temps, Delaunay se concentre sur certains aspects de l'œuvre de Cézanne seulement comme, par exemple, sa façon toute nouvelle de traiter l'espace en ancrant le sujet et l'arrière-plan solidement sur la toile, ou bien la richesse des nuances obtenues à partir de quelques tons seulement, que Cézanne appelle «modulation». Le dernier *Autoportrait* de Robert Delaunay, peint en 1909 (voir ill. p. 17) montre clairement cette prodigieuse influence qui fut, pour la génération de peintres suivante, une source inestimable d'inspiration et d'innovation. La coloration de l'image repose sur la seule harmonie du vert foncé et du violet dans une diversité de variantes.

EN HAUT:
Sonia Delaunay:
Jeune fille endormie, 1907

EN BAS:
Sonia Delaunay:
Fillette finlandaise, 1907

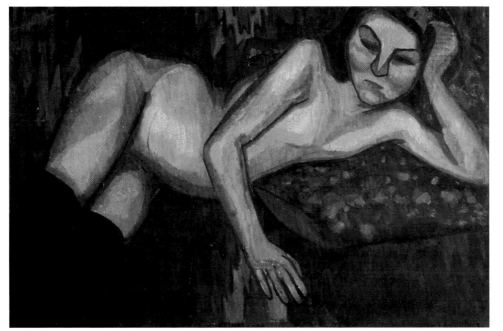

Sonia Delaunay:
Nu jaune, 1908
Les couleurs vigoureuses et les formes très simplifiées dénotent la forte emprise du fauvisme à Paris en ces années. Avec des lignes noires et épaisses qui cernent les contours et une coloration par aplats, Sonia utilise le «cloisonné», une technique héritée de Gauguin. Les premières œuvres fauves de Sonia sont très proches de la peinture allemande et, en particulier, des peintures du groupe «Die Brücke» qui, comme elle, avait assimilé l'enseignement de Van Gogh, de Gauguin et de Matisse.

ILLUSTRATION PAGE 13:
Sonia Delaunay:
Jeune Finlandaise, 1907

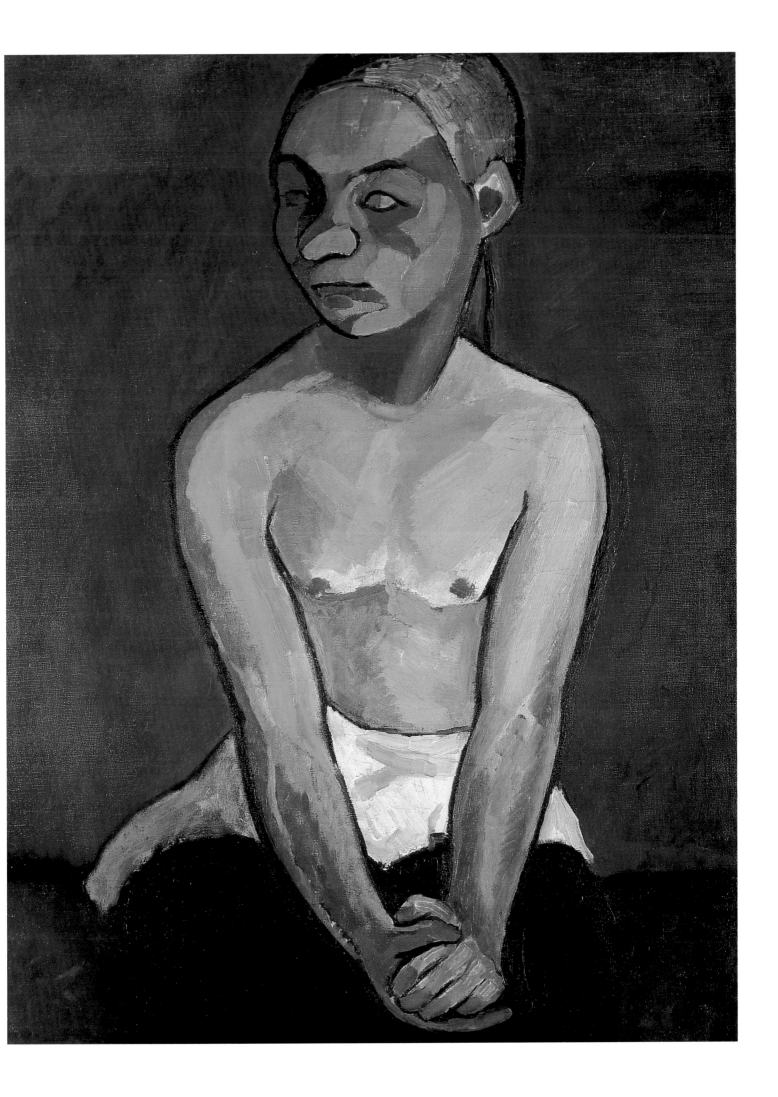

Robert Delaunay:
Nature morte au perroquet, 1907

Les formes naturelles sont réduites à des formes géométriques et – c'est là l'observation la plus importante – les lignes géométriques et stylisées sont présentes sur toute la surface de la toile, même en arrière-plan où on les retrouve sous forme de losanges. Ce portrait rappelle par ailleurs certaines œuvres de Picasso et Braque qui se rattachent aussi à Cézanne, même si elles ont abouti à d'autres résultats. Cette même année, Robert commence la série des *Saint-Séverin* (voir ill. p. 18 et 19) qui ouvrent un nouveau chapitre dans son évolution artistique. La petite église gothique située dans le Quartier Latin, non loin de son atelier, l'attire moins en raison de son architecture que des superbes reflets de lumière qui se projettent sur les vitraux du 19ème siècle dans le chœur. Pour la première fois, Delaunay travaille à une série, reprenant peut-être l'exemple de Monet dont les vues de la *Cathédrale de Rouen* (1894, voir ill. p. 18) traitent pareillement de l'incidence de la lumière sur l'architecture de la construction. Tandis que Monet fixe dans des nuances ténues les subtiles variations de la lumière sur le portail ouest de la cathédrale, Delaunay compose une vue intérieure de l'édifice qui semble se déformer sous l'action de la lumière. L'observateur se sent guidé à l'intérieur du déambulatoire, dans un interminable mouvement qui suggère la

Robert Delaunay:
Autoportrait, 1906
Le jeune peintre plein d'ambitions se met en scène dans une
fraîcheur séduisante. L'autoportrait est exécuté dans un style
souple, les couleurs sont libres. L'ensemble est tout à fait
conforme à l'esprit du fauvisme.

Robert Delaunay:
Autoportrait, 1909

Dans la série des autoportraits peints entre 1906 et 1909, Delaunay révèle avant tout l'évolution des moyens d'expression utilisés. Le point de départ est l'impressionnisme et le néo-impressionnisme, pour parvenir au fauvisme et au début du cubisme. Dans son dernier autoportrait de 1909, les études du cubisme analytique sont manifestes, même si la coloration, fondée sur de violents contrastes de rouge et de vert, porte toujours l'empreinte du fauvisme.

course lente de la caméra dans les premiers films muets expressionnistes. Du reste, l'atmosphère de ces films s'inspirerait de l'univers pictural de l'artiste (*Saint-Séverin n° 3*, 1909, voir ill. p. 18)[2]. Pourtant, Delaunay n'a jamais recherché les effets expressionnistes à la manière des peintres allemands contemporains comme, par exemple, le groupe «Die Brücke» (Le Pont) fondé en 1905. Une autre toile de la série révèle l'amour naissant de Delaunay pour la couleur et la lumière qui sont réunies dans le symbole de l'arc-en-ciel, la rupture prismatique de la lumière dans le spectre des «couleurs pures» (*Saint-Séverin n° 5, l'arc-en-ciel*, 1909, voir ill. p. 19).

Parfaitement conscient qu'il se trouve alors dans une phase transitoire, Delaunay écrit dans des notes tardives à propos de cette série:

«Dans *Saint-Séverin*, on voit un vouloir de construire, mais la forme est traditionnelle. Les brisures apparaissent timidement. La lumière brisant les lignes dans les voûtes et vers le terrain. La couleur est encore clair-obscur, malgré le parti pris de ne pas copier objectivement la nature, ce qui fait encore perspectif. Comme chez Cézanne, les contrastes sont binaires et non simultanés. Les réactions de couleurs conduisent à la ligne. La modulation est encore l'expression classique.»[3]

Claude Monet:
La Cathédrale de Rouen, 1894

Robert Delaunay:
Saint-Séverin n° 3, 1909

Dans sa première série importante, Delaunay traite le motif de l'intérieur de l'église Saint-Séverin en gothique flamboyant, située dans le Quartier Latin, à proximité de l'atelier de l'artiste. Les sept versions montrent une vue qui débouche sur un vitrail du déambulatoire avec, en premier plan, les colonnes de la nef collatérale de droite. Le regard ne se pose pas sur la structure architectonique complexe de l'église; il est emporté dans un tourbillonnement spatial qui se stabilise en arrière-plan seulement. Dans cette peinture, Delaunay s'efforce de transposer une expérience visuelle active en utilisant les moyens perspectifs traditionnels.

Robert Delaunay:
Saint-Séverin n° 5, l'arc-en-ciel, 1909

Dans cette version, la lumière est représentée comme un élément qui a le pouvoir de tout faire vaciller. Dans les séries des *Fenêtres*, postérieures à celle-ci, la lumière et la couleur sont devenues les seuls éléments d'organisation de l'image. Il est surprenant, pour un peintre moderne comme Delaunay, que l'intérieur d'une église ait été le déclenchement de sa peinture. Parce qu'il renvoie aux séries des cathédrales de Monet et aux peintres impressionnistes Pissarro et Sisley, ce motif s'inscrit pourtant dans son époque. Ici encore, la brisure de la lumière – et non pas la dimension sacrée du lieu – constitue le centre d'intérêt de l'artiste.

EN HAUT:
Robert Delaunay:
Saint-Séverin (étude), 1909–10

EN BAS:
Robert Delaunay:
Saint-Séverin (étude), 1909

L'époque destructive

Avec ses vues de l'église Saint-Séverin, Delaunay remporta son premier grand succès, non pas à Paris où les nouvelles orientations picturales en opposition avec la tradition ont du mal à s'imposer, mais à l'occasion de l'exposition d'un petit groupe d'artistes de Munich qui s'était rassemblé autour de peintres de l'avant-garde, Vassili Kandinsky et Franz Marc, pour présenter des formes artistiques nouvelles et expressives. Lors de la première exposition «Der Blaue Reiter» (Le Chevalier Bleu) dans la galerie Thannhauser à Munich (18.12.1911 – 1.1.1912), les peintures du jeune artiste français firent sensation. Par l'intermédiaire d'une amie de Sonia, le peintre Elisabeth Epstein, Kandinsky avait invité Delaunay à exposer quatre toiles et un dessin. Le motif de l'intérieur de l'église produisit une forte impression sur Paul Klee et Marianne Werefkin, ainsi que sur l'ensemble de l'expressionnisme allemand. Même si cela tient peut-être de l'un de ces malentendus dont l'histoire de l'art est friande, il semble que les artistes du «Blaue Reiter» aient tout de suite reconnu chez le jeune Delaunay un esprit moderne, audacieux, capable de grandes choses. Ses autres séries également représentées à Munich comme les *Tour Eiffel*, reçurent un accueil tout aussi enthousiaste.

La Tour Eiffel (carte postale)

A la différence du cubisme naissant qui, cette même année à Paris, traite des natures mortes et des portraits, Delaunay pose son regard sur des objets grands, ambitieux, qui symbolisent la modernité. Ce registre intègre les avions et les ballons dirigeables en ascension auxquels l'artiste dédie une étude (*Le dirigeable et la tour*, 1909, voir ill. p. 22), la Grande Roue installée à cette époque sur le Champ-de-Mars, et bien entendu la Tour Eiffel. Il existe une trentaine de représentations de la Tour. Entre 1909 et 1911, la Tour Eiffel domine toutes les recherches de l'artiste; inlassablement il la traque, tente de la saisir dans des dessins et des esquisses (*La Tour*, 1910, voir ill. p. 26), jusqu'à ce que la solution définitive lui soit suggérée par les analyses cubistes qu'il vient de découvrir. Reproduire l'illustre tour en format de poche comme simple emblème de la ville de Paris, comme monument fétiche des touristes, ne le satisfait pas. Pour lui, la Tour a une signification toute autre, bien plus insigne, qui se manifeste déjà dans la première étude (*Tour. Première étude*, 1909, voir ill. p. 23). Sur cette toile, la Tour, parfaitement visible à l'horizon, est encadrée de plages de couleur irrégulières qui alternent entre les tons bleus, gris, ocres, verts et bruns, comme une lueur par temps d'orage, faisant naître une surface rythmée, tourmentée, qui confère un halo de mystère à ce motif d'apparence si anodin. En haut dans les angles de la toile, Delaunay a porté les annotations «La Tour à l'Univers s'adresse», «mouvement» et «profondeur». L'inscription «France-Russie» fait sans aucun doute allusion à la relation de Robert et Sonia: elle ouvrira avec lui la voie vers la peinture nouvelle.

ILLUSTRATION PAGE 20:
Robert Delaunay:
Tour Eiffel, dite la tour rouge, 1911

A GAUCHE:
Dirigeable (carte postale)

A DROITE:
Robert Delaunay:
Le dirigeable et la tour, 1909

Pour Delaunay, la Tour Eiffel n'est pas un simple motif formel comme les autres. Symbole de la modernité, prodige de la technique, elle fait converger les rêves contemporains et les désirs de communion entre les hommes sous le signe de la technique et du progrès. De plus en plus, la Tour Eiffel deviendra pour le peintre un symbole de communication avec le monde entier, la métaphore d'un nouveau langage de la simultanéité. Son ami, le poète Blaise Cendrars, évoque l'attraction qu'exerce cet édifice si bouleversant: «Aucune formule d'art connue jusqu'à ce jour, ne pouvait avoir la prétention de résoudre plastiquement le cas de la Tour Eiffel. Le réalisme la rapetissait; les vieilles lois de la perspective italienne, l'amincissaient. La Tour se dressait au-dessus de Paris, fine comme une épingle à chapeau. Quand nous nous éloignions d'elle, elle dominait Paris, roide et perpendiculaire; quand nous nous en approchions, elle s'inclinait et se penchait au-dessus de nous. Vue de la première plate-forme, elle se tirebouchonnait et vue du sommet, elle s'affaissait sur elle-même, les jambes écartées, le cou rentré. Delaunay voulait également rendre Paris tout autour d'elle, la situer. Nous avons essayé tous les points de vues, nous l'avons regardée sous tous ses angles (…).

Robert Delaunay:
Tour. Première étude, 1909
Comparée aux vues suivantes, la première étude
de la Tour Eiffel semble encore très conventionnelle. Elle prend la forme d'une silhouette simpli-
fiée qui émerge d'un paysage urbain éclaté selon
les règles cubistes. Cette toute nouvelle fascination, qui prend sa source dans le symbole de la
modernité à Paris, s'exprime également dans les
inscriptions portées sur la toile. De la Tour émanent «mouvement» et «profondeur». En souvenir
de l'Exposition universelle de 1889, la Tour est
célébrée en tant que joyau de la technique et
moyen de communication universel, dont les
pôles sont la France et la Russie: cette même année, Robert faisait la rencontre de Sonia.

Autant de points de vues pour traiter le cas de la Tour Eiffel. Mais Delaunay
voulait l'interpréter plastiquement. Enfin il y réussit avec la toile fameuse
que tout le monde connaît. Il désarticula la Tour pour la faire entrer dans son
cadre, il la tronqua et l'inclina pour lui donner ses trois cent mètres de vertige, il adopta dix points de vues, quinze perspectives, telle partie est vue
d'en bas, telle autre d'en haut, les maisons qui l'entourent sont prises de
droite, de gauche, à vol d'oiseau, terre à terre…»[4]
Pour donner une forme plastique à cette expérience visuelle inédite et si sai-
sissante que nous relate Cendrars, Delaunay retient différentes perspectives
du sujet, qu'il transpose sur la toile en leur donnant une cohésion nouvelle
(*Tour Eiffel*, 1910–11, Carlsruhe, voir ill. p. 25 en haut à gauche). Ce motif
gigantesque, quasiment insaisissable dans sa totalité, est contraint à l'intérieur de la toile par rapprochement de différents points de vue. La carcasse
métallique de la Tour s'organise à l'intérieur de l'image dans une accumula-
tion verticale de perspectives révélant la Tour d'en bas, d'en haut et de côté.
Au pied de la Tour, les maisons semblent refoulées par ce formidable amon-
cellement, simples jouets d'une force titanesque qui tente aussi de dissoudre

Lyonel Feininger:
Maisons hautes I, 1912

Dans les milieux de l'avant-garde allemande, les premières séries de Delaunay ont eu un grand retentissement. La dislocation prismatique et la transparence cristalline de l'architecture dénotent l'emprise des *Tour Eiffel* de Delaunay, que Feininger avait pu admirer dès 1911 au Salon des Indépendants. En empilant ainsi les divers éléments, Feininger utilise ce principe de translucidité qui caractérise la série des *Fenêtres*.

Robert Delaunay:
Tour Eiffel aux rideaux, 1910

PAGE 25 EN HAUT A GAUCHE:
Robert Delaunay:
Tour Eiffel, 1910–11, Carlsruhe

PAGE 25 EN HAUT A DROITE:
Robert Delaunay:
Tour Eiffel, 1910–11, Bâle

EN BAS A GAUCHE:
Robert Delaunay:
Tour Eiffel, 1910–11, Essen

PAGE 25 EN BAS A DROITE:
Robert Delaunay:
Champ-de-Mars, la tour rouge, 1911, Chicago

les formes de la Tour. Dans cette version, la construction l'emporte encore; avec ce mode de représentation, le pouvoir de persuasion et la puissance visionnaire de la Tour sont amplifiés.

Dans les vues qui suivent, la version de Bâle par exemple (*Tour Eiffel*, 1910–11, voir ill. p. 25 en haut à droite), une nouvelle force plastique s'exerce avec une violence toujours accrue. Il s'agit de la lumière, dont les pistes cristallines semblent briser la structure de la Tour qui se disloque. Le regard de l'observateur est dirigé vers cette séquence temporelle; la lumière et la couleur soulignent le caractère rythmique de l'acte de perception visuelle qui dynamise le motif. Dans les dernières versions (*Tour Eiffel*, 1911, New York, voir ill. p. 20 et *Tour Eiffel*, 1910–11, Essen, voir ill. p. 25 en bas à gauche), ce processus de transposition et de décomposition plastique est poussé jusqu'à la dissolution des formes, réduites en fragments qui semblent en suspension entre des cristaux de lumière. Les dessins qui accompagnent la série (*La Tour*, 1910, voir ill. p. 26) révèlent aussi cette désagrégation progressive de la composition. La Tour se rompt, éclate en plusieurs morceaux,

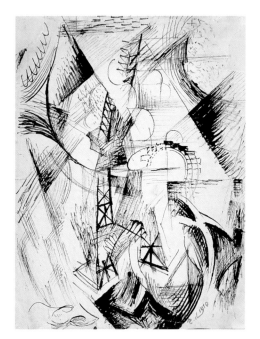

Robert Delaunay:
La Tour (étude), 1910

Pablo Picasso:
Homme à la mandoline, 1911

comme sous l'emprise d'une gigantesque catastrophe. Dans sa série des *Tour Eiffel*, Delaunay porte la dissection cubiste de l'objet à son paroxysme. Si l'on compare ces tableaux avec une œuvre de Picasso exécutée pendant la même période (*Homme à la mandoline*, 1911, voir ill. p. 26), on peut observer des différences profondes avec les cubistes, cette solution plus radicale qui oppose Delaunay à ces derniers. Chez Picasso, l'objet est déstructuré jusqu'à devenir totalement méconnaissable, pour restituer en définitive une nouvelle synthèse sans aucun effet de perspective; l'intégrité simultanée est déployée sur un plan statique. Chez Delaunay, la désarticulation de l'objet et la réunification simultanée des vues fragmentaires engendrent un mouvement dynamique au cour de l'image. Selon la pensée de l'artiste, la peinture nouvelle est en étroite corrélation avec les concepts de «mouvement, profondeur, simultanéité» qu'il invoque souvent dans ses écrits théoriques. Avec sa série des *Tour Eiffel*, Delaunay bouleverse une vieille conception universelle fondée sur les notions de statique, de perspective et de géométrie, renouvelant ainsi la perception du monde réel.

Ce processus de destruction produisit une vive impression sur les artistes expressionnistes allemands. Pour eux, la décomposition formelle de la Tour Eiffel était une formule expressive de l'anéantissement de l'ancien monde. Pourtant, Delaunay s'est toujours défendu contre toute identification à l'expressionnisme; il était à la recherche de nouveaux moyens picturaux, après la destruction des moyens conventionnels de la ligne et de la perspective avec Cézanne et dans sa suite les cubistes. Dans un texte tardif, Delaunay évoque cette lutte acharnée pour une nouvelle image du monde, qu'il appelle «art catastrophique, dramatisme, cataclysme», une «vision prophétique aussi à répercussion sociale: la guerre, les bases s'écroulent.»[5]

Cette vision de la Tour Eiffel poursuivit Delaunay dans une autre série exécutée durant la même période. A partir d'une carte postale présentant une vue éloignée des toits de Paris, il réalisa une série dédiée à la *Ville*. La première étude (*La Ville. Première étude*, 1909, voir ill. p. 27) montre dans un format oblong une vue rapprochée des blocs de maisons et des toits qui, dans les versions suivantes, n'apparaîtront plus qu'au premier plan seulement. Le motif est traité de manière encore assez conventionnelle, mais les lignes verticales courbes soulignent déjà la sensation d'espace. Il est probable que cette toile comportait à l'origine une deuxième partie supérieure avec la Tour Eiffel. Celle-ci apparaît systématiquement dans les autres versions comme point de fuite couronnant la composition.

Dans la deuxième vue de la série (*La Ville n° 2*, 1910, voir ill. p. 28) qui fut également présentée lors de la première exposition «Der Blaue Reiter» et acquise par le collectionneur berlinois Bernhard Koehler, le regard de l'observateur est emporté comme dans un tourbillon. La vue qui s'offrait de la fenêtre de son atelier, au n° 3 de la rue des Grands-Augustins où les Delaunay ont habité jusqu'en 1914, est suggérée avec une intensité plus forte par la présence des rideaux de chaque côté; elle fournit en même temps un cadre pour la transposition cubiste du motif. Les formes des maisons, rompues à angles vifs, sont reproduites dans un rythme clair-obscur d'une grande rigueur, qui entraîne irrésistiblement le regard du spectateur au plus profond de l'image. Un voile de petits points est déployé par endroits sur la toile, contrariant cette dynamique spatiale; c'est un retour à la période néo-impressionniste. Ici, le système de points est utilisé pour mettre en valeur la surface picturale et donner une individualité aux reflets de lumière sur les carreaux de la fenêtre. Avec ce procédé, Delaunay crée un plan pictural virtuel sur lequel semblent se projeter tous les éléments de la composition. Déjà, les reflets de lumière et l'objet fusionnent en partie pour donner naissance à une nouvelle unité, comme le révèle la partie supérieure de cette vue.

Dans la version suivante, la trame de points et la composition sont mêlées plus intimement. Le rythme clair-obscur est très accentué, la palette utilise des tons bruns, les formes des maisons sont plus simplifiées. Tous ces paramètres participent à l'abstraction plus poussée du motif.

Avec la dernière vue de la série (*Fenêtre sur la ville n° 4*, 1910–11, voir ill. p. 29), Delaunay pénètre dans un nouvel univers pictural: le cubisme est définitivement révolu, la voie vers la couleur, ouverte. Les thèmes issus du monde objectif se muent en formes homogènes et transparentes sur la surface de l'image. Le voile de points colorés s'étend à toute la surface picturale dans un staccato de rythmes chromatiques. Le nouvel espace se dégage des seules zones de couleur transparentes. Pour Delaunay, cette série signifie le dépassement de son «époque destructive», le point final de ses recherches autour des anciens moyens d'expression – la ligne et la perspective – qui, à la vérité, avaient été ébranlés par le cubisme sans que l'on ait pu pour autant assister à la genèse d'un nouveau langage pictural. «Tous les espaces sont rompus et divisés jusqu'à une dimension infinitésimale dans tous les sens. C'est un dynamisme dissolvant complet; c'est la liquidation des moyens connus en art au point de vue ligne, valeurs, volumes, clair-obscur, etc…»[6] Toutes ces peintures, depuis la série des *Saint-Séverin* jusqu'aux vues de *La Ville* et des *Tour Eiffel*, sont l'expression d'une recherche plastique qui est

Robert Delaunay:
La Ville. Première étude, 1909
Dans une vue rapprochée, le regard se pose sur d'imposants blocs de maisons, que Delaunay pouvait voir depuis sa fenêtre. Cette vue servit d'étude préparatoire à la série des *Villes* (voir ill. p. 28 et 29); à l'origine, elle était coiffée d'une partie comportant une représentation de la Tour Eiffel.

Robert Delaunay:
La Ville n° 2, 1910
Dans cette version, la vue de la fenêtre est plus lisible que dans la version de Essen (voir ill. p. 27). D'un ample mouvement, elle embrasse toute la superficie, y compris la Tour Eiffel. La composition, organisée autour de losanges, est plus abstraite et confère à l'image une nouvelle dynamique. Elle est complétée par une trame de points, dans la première moitié de la toile; c'est un retour à la période néo-impressionniste de Delaunay.

partie de l'impressionnisme pour s'achever avec Cézanne. Le cubisme a eu pour point de départ Cézanne, même si ce mouvement s'est davantage orienté vers l'analyse de l'objet en formes et en lignes autonomes. Delaunay pour sa part a découvert de nouveaux moyens picturaux dans la lumière et la couleur, et cela justement dans les dernières œuvres de Cézanne:

«Cézanne et Renoir ont été les précurseurs quoiqu'ayant une esthétique très embrouillée par des réminiscences du passé, mais cependant Cézanne surtout a perçu des horizons nouveaux auxquels sa vie de peintre troublé et inquiet n'a pas suffi pour trouver les moyens de les aborder. Cependant, dans les dernières aquarelles de Cézanne, quelle limpidité tendant à devenir une surnaturelle beauté en dehors du déjà vu.»[7]

Juste au moment où ses toiles assimilaient le cubisme, Delaunay participa, en 1911, à la célèbre exposition du Salon des Indépendants aux côtés d'un groupe de jeunes peintres – parmi lesquels Albert Gleizes, Jean Metzinger et Fernand Léger – qui allaient ouvrir la polémique au sujet du cubisme à Pa-

Robert Delaunay:
Fenêtre sur la ville n° 4, 1910–11

ris. Delaunay se refusa à prendre part à ce débat autour d'un style que lui-même avait dépassé depuis longtemps. Au début de l'année 1912, il partit avec sa femme et son fils Charles, né en 1911, pour un mois à Laon où il rencontra le paysagiste Robert Lotiron. Les deux peintres avaient accompli ensemble leur service militaire en 1905 dans cette même ville, Delaunay en qualité d'attaché à la bibliothèque. Bien qu'il répugnât à toute forme de savoir scolaire, l'artiste avait mis à profit cette période pour se plonger dans la philosophie idéaliste allemande, la théorie des couleurs de Chevreul et la poésie de Jules Laforgue.

Dans un premier temps, les œuvres exécutées à Laon semblent laisser de côté les thèmes dominants des séries antérieures. La plupart d'entre elles sont des études de paysage assez simples, des vues urbaines traitées dans un style impressionniste assez souple. Celles-ci allaient pourtant aboutir à l'ambitieuse version de 1912, intitulée *Les tours de Laon* (voir ill. p. 31), qui fut peut-être réalisée seulement au retour des Delaunay à Paris. La simplifica-

A GAUCHE:
Robert Delaunay:
Portrait du douanier Rousseau, 1914

Robert Delaunay:
Portrait du douanier Rousseau, 1910

Robert Delaunay:
La route de Laon, 1912

tion cubiste de l'architecture n'est pas sans rappeler les vues de *La Ville*; toutefois, une nouveauté a été introduite: il s'agit de la coloration vigoureuse de la toile, fondée sur la complémentarité des contrastes rouge-pourpre et bleuvert, qui muent l'image en une vision radieuse de couleur et de lumière. Le début de fragmentation de l'image et la transparence de certaines plages de couleur, que Delaunay avait pu observer dans les dernières aquarelles de Cézanne, sont également des éléments nouveaux. La toile *Les tours de Laon* réunit pour la première fois toutes les nouvelles formes d'expression plastique: la transparence de la couleur, les contrastes de couleur, l'organisation de l'image autour de facettes, que Delaunay disposera, dans une série suivante, de manière à faire naître des formes pures.

De retour à Paris au début du mois de février, Robert doit préparer sa première exposition particulière dans la Galerie Barbazanges, qui a lieu conjointement à celle de Marie Laurencin, l'amie du poète et imprésario Guillaume Apollinaire. Comme il souhaite aussi exposer au Salon des Indépendants qui ouvre ses portes le 12 mars 1912, il lui faut créer en peu de temps une œuvre nouvelle. Delaunay décide d'associer dans une vaste composition les thèmes dominants de ses dernières années. En l'espace de 15 jours seulement, il exécute *La ville de Paris* (1910–12, voir ill. p.32) dans un format de plus de 2,50 m en hauteur et de 4 m en largeur.

Au centre de cette œuvre magistrale apparaît une représentation des «Trois Grâces», un motif de l'antiquité dont Delaunay possédait une version en carte postale et qu'il reprendra d'ailleurs dans de nombreuses études (1909,

ILLUSTRATION PAGE 31:
Robert Delaunay:
Les tours de Laon, 1912

Henri Rousseau:
Moi-même, portrait-paysage, 1890

voir ill. p. 33). Ici, le thème des trois Grâces illustre la ville de Paris; il est encadré des motifs de prédilection de Delaunay, la Tour Eiffel et les formes de maisons présentes dans ses vues de la Ville, le tout étant étroitement imbriqué à la manière cubiste. La partie gauche comporte un passage plutôt objectif, une vue fragmentaire de la Seine avec un bateau à quai et un pont. Il s'agit de la transposition d'un tableau d'Henri Rousseau, un artiste auquel Delaunay voue une admiration sans borne.

Cette peinture qui peut sembler quelque peu surchargée dans notre optique contemporaine – une œuvre «sur-mesure» pour les salons – eut un grand retentissement. Apollinaire, le nouvel ami de Delaunay, rendit hommage à cette étude.

Plus tard, toujours en relation avec l'allégorie de la ville de Paris, Robert Delaunay s'intéressa encore au thème des «Trois Grâces». Pour le salon de Jean et Anette Coutrot, il exécuta une réplique du célèbre tableau, sur lequel les têtes des trois Grâces sont portraiturées (voir ill. p. 33). A ce jour, nous ne savons toujours pas exactement quelle fut l'inspiration de cette composition. Il semble qu'elle lui ait été dictée par une fresque de Pompéi dont il possédait une reproduction en carte postale. Dans sa critique du tableau, Apollinaire récuse cette source et renvoie au sculpteur Jean Goujon; or, celui-ci n'a jamais véritablement traité ce sujet. Il se peut que le poète ait confondu les *Trois Grâces* de Germain Pilon, porteuses de l'urne avec le cœur de Henri II au Louvre. Les Grâces de Delaunay rappellent également les nymphes de la Fontaine des Innocents, au cœur de Paris, qui aurait pu suggérer au peintre le schéma de sa composition. Les nymphes de la fontaine sont enserrées

Vue intérieure de l'appartement de Jean et Anette
Coutrot à Paris

Robert Delaunay:
La ville de Paris, 1910–33

Robert Delaunay:
Les trois Grâces, 1909

dans leur environnement urbain, les maisons reliées par la gauche à la partie traditionnelle de la ville et, par la droite, à la partie moderne avec la Tour Eiffel. Les trois Grâces, symboles d'élégance et d'ouverture de la métropole, unissent les deux parties.

L'emprunt formel de Delaunay à un autoportrait d'Henri Rousseau (*Moi-même, portrait-paysage*, 1890, voir ill. p. 32) pour la partie gauche (tradition-nelle) de sa toile, est un hommage à l'artiste solitaire défunt qui peignait un monde empreint de rêve et de poésie. A cette époque, son talent était déjà re-connu par de nombreux représentants de l'avant-garde parisienne. En outre, Delaunay avait entretenu avec Rousseau des relations personnelles qui s'ex-priment dans le magnifique *Portrait du douanier Rousseau* (voir ill. p. 30). La mère de Delaunay possédait quant à elle *La Charmeuse de serpents* de Rousseau, une pièce maîtresse dans son salon.

Bien que cette œuvre ait suscité l'adhésion générale des critiques, *La ville de Paris* connut un destin sans gloire. Elle devait être présentée en 1913 à l'Ar-mory Show à New York, ce qui fut empêché par des intrigues et des manœu-vres. Légèrement détériorée pendant l'expédition, elle tomba dans l'oubli pour être rachetée, à l'initiative de Jean Cassou, par le Musée d'Art Mo-derne de la Ville de Paris en 1936 seulement. Cette synthèse monumentale de sa «période destructive» n'est pas devenue un jalon de l'évolution de Delaunay. Mais ses *Fenêtres* qui allaient suivre immédiatement portent le germe d'un véritable renouveau.

Orphisme et simultanéité

En avril 1912, Robert Delaunay se lance dans la série des *Fenêtres*. C'est le début de sa «période constructive», une peinture de la «couleur pure» sans aucune référence objective.

Dans *Les fenêtres simultanées sur la ville* (1912, voir ill. p. 34), toute la surface de la toile est recouverte de formes de couleur aux contours quasi géométriques; la composition enferme toutefois quelques formes associatives comme, par exemple, la silhouette verte de la Tour Eiffel au centre du tableau. Il faut savoir que Delaunay ne s'intéresse guère au langage des formes géométrisantes, mais bien plus au jeu vivant des relations simultanées entre les couleurs, que le spectateur peut discerner en contemplant intensément l'image.

La révélation de la loi du contraste simultané ne lui est pas faite par la lecture de l'ouvrage très complet de Michel-Eugène Chevreul («De la loi du contraste simultané des couleurs…», Paris 1839/1889), mais par l'observation permanente du phénomène de la couleur, que Delaunay avait étudié avec les peintures néo-impressionnistes de Seurat, Signac et Cross et en se livrant à ses propres expériences prismatiques.

Les zones oranges et vertes, sur la droite de cette composition, provoquent l'irritation de la rétine; l'œil éprouve le besoin d'un équilibre et fouille instinctivement l'image à la recherche des complémentaires (bleu et rouge). En même temps, les plages de couleur redoublent d'intensité selon le principe même de la loi du contraste simultané: l'orange aux côtés du vert tire sur le rouge, le vert dans le voisinage de l'orange semble plus bleu. Ce jeu perpétuel des couleurs qui ne cessent de s'influencer mutuellement, déclenche une vibration inhabituelle dans l'œil du spectateur. Delaunay apparente ce phénomène à un mouvement, à un rythme, qu'il analyse comme la peinture contemporaine d'une société moderne en mouvement.

«L'appellation *Les fenêtres* comme titre est encore un souvenir de réalité concrète, mais au point de vue des moyens expressifs on entrevoit déjà une nouvelle forme d'expression. *Ce sont des fenêtres sur une nouvelle réalité.* Cette nouvelle réalité n'est que l'ABC de modes expressifs qui ne puisent que dans les éléments physiques de la couleur créant la forme nouvelle. Ces éléments sont, entre autres, des contrastes disposés de telle ou telle manière, créant des architectures, des dispositions orchestrées se déroulant comme des phrases de couleur.»[8]

C'est Apollinaire, poète et ami du peintre (*Portrait de Guillaume Apollinaire*, 1911–12) qui forgea l'appellation «orphisme» pour baptiser ce nouveau style, s'inspirant directement du titre de son recueil de poèmes «Le Cortège d'Orphée» qui était alors en gestation. Ce qualificatif associe les notions de couleur, de lumière, de musique et de poésie. Mais Delaunay trouve-

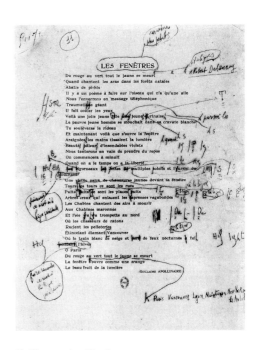

Guillaume Apollinaire:
Les fenêtres, 1913

ILLUSTRATION PAGE 34:
Robert Delaunay:
Les fenêtres simultanées sur la ville, 1912
Cette peinture, peut-être la plus belle de la série, montre le rayonnement de la couleur sur toute la surface de l'image et illustre le principe de la simultanéité propre à Delaunay.

Robert Delaunay:
Une fenêtre, étude pour les trois fenêtres,
1912–13

Sonia Delaunay:
Etude de foule, Boulevard St. Michel, 1912–13

ra plus tard ce terme trop imprécis et trop poétique pour désigner avec pertinence le nouveau style; il lui préfèrera celui de «peinture pure» qui met en relief la fonction conceptuelle de son œuvre. En effet, Delaunay voyait déjà dans ses *Fenêtres* les prémices d'une peinture tout à fait neuve, reposant exclusivement sur les contrastes de couleur qui se dégagent de l'interaction simultanée de la lumière, de l'espace et du mouvement. Ainsi, avec sa devise de la simultanéité, Delaunay ne se réfère pas simplement à la nouvelle technique des contrastes simultanés. Bien au-delà de cette technique, par la perception des relations qui s'établissent entre les couleurs, l'être humain prend part à la connaissance universelle du monde, que Delaunay entrevoit comme l'essence même de la vie dans les tensions simultanées de couleur qui s'équilibrent et s'exacerbent.

Tout comme ses autres séries, les *Fenêtres* de Delaunay allaient déclencher un enthousiasme immense chez les peintres allemands qui étaient, eux aussi, en quête d'un nouveau langage pictural. Il se peut que Paul Klee ait eu l'occasion de découvrir les premières *Fenêtres* dès avril 1912, à l'occasion de son séjour à Paris. Dans sa critique de la seconde exposition du groupe à Zurich (Sonderbund), à laquelle Delaunay avait aussi été convié, Klee condamne la tendance destructive du cubisme et salue les études de Delaunay:

«Un des artistes les plus intelligents de ce temps, et qui a le plus souffert de cette inconséquence, Delaunay, y a remédié d'une façon étonnamment simple en créant le type d'un tableau se suffisant à lui-même, et qui, n'empruntant rien à la nature, possède sur le plan de la forme, une existence entièrement abstraite. Il s'agit au reste, notons-le bien, d'une création plastique vivante, presque aussi éloignée d'un tapis que l'est une fugue de Bach.»[9]

Le principe musical sous-jacent aux *Fenêtres*, qui n'est pas sans analogie avec la fugue, a été mis en avant par Delaunay qui insiste sur le rôle sensuel tout à fait nouveau de la couleur.

«La couleur est forme et sujet; elle est purement le thème qui se développe, se transforme en dehors de toute analyse psychologique ou autre. La couleur est fonction d'elle-même, toute son action est présente à chaque moment comme dans la composition musicale de l'époque de Bach et, de notre temps, du bon jazz. C'est, vraiment, de la peinture qui n'a besoin d'aucune intervention traditionnelle ou explicative ou littéraire !»[10]

C'est dans les grands formats oblongs de la série que les composantes musicales et temporelles sont le plus rehaussées (*Les fenêtres sur la ville, première partie, premiers contrastes simultanés*, 1912, voir ill. p. 38); elles allaient devenir une source d'inspiration pour Franz Marc et August Macke. Tandis que Marc assimile les influences de l'avant-garde française depuis le cubisme jusqu'à l'orphisme de Delaunay en passant par le futurisme, pour les introduire dans sa propre esthétique fondée sur une symbolique spirituelle du règne animal, la peinture de Klee et de Macke évolue vers les tons purs, sous l'ascendant de Delaunay et de l'éclat de la lumière africaine dont ils avaient eu la révélation pendant leur voyage à Tunis (mars 1914). Paul Klee poursuivra l'étude de ces nouveaux moyens expressifs du contraste des couleurs autour de nombreuses variantes, jusqu'aux «carrés» et au «polyphonies» qui coïncident avec l'époque du Bauhaus. Comme Klee, August Macke trouvera aussi la voie de la couleur libre, mais jamais il n'abandonnera la représentation de thèmes objectifs qui ont, chez cet artiste, un reflet très éloigné du monde réel, que l'on doit à la coloration irisée de sa peinture.

En France, les *Fenêtres* ne produisirent aucun effet immédiat sur les artistes contemporains, à l'exception des amis intimes de Delaunay, Apollinaire et Cendrars, qui transposèrent dans leur poésie la nouvelle esthétique visuelle

Robert Delaunay:
Les fenêtres sur la ville, première partie,
premiers contrastes simultanés, 1912

ILLUSTRATION PAGE 39:
Sonia Delaunay:
La prose du Transsibérien et de la petite
Jehanne de France, de Blaise Cendrars, 1913

Robert Delaunay:
Fenêtres en trois parties, 1912

de Delaunay (Guillaume Apollinaire, «Les fenêtres», 1913, voir ill. p. 35). Tout au long de cette période tumultueuse, Sonia Delaunay – sa femme – a été la seule complice de l'artiste. Dès le début, elle a pris part à la genèse du nouveau langage pictural fondé sur les contrastes des couleurs. L'apport de Sonia fut son sens inné de la couleur, conjugué à un goût avéré pour l'ornementation et la décoration, qu'elle avait ramené de son pays natal, la Russie. Un premier ouvrage réalisé à partir de morceaux d'étoffe (Couverture, 1911, voir ill. p. 37) pour recouvrir le lit de leur enfant, montre une étonnante composition de formes géométriques de couleur, que Robert reprendra un peu plus tard dans sa série des *Fenêtres*. Cédant à cette impulsion décorative, Sonia imagina une foule d'applications, toutes fondées sur les ressources du contraste simultané, ouvrant ainsi de nouveaux horizons à sa créativité débordante.

«Je fais mes premiers collages, des reliures en papier appliqués et en déchets de tissu pour les livres que j'aime, je peins des coffrets, je fais des coussins, des gilets, des abat-jour. Ces objets simultanés étonnent nos visiteurs du dimanche. Je fais tout cela en m'amusant. Je commence une série de pastels en partant de panneaux électoraux. La couleur m'excite, je ne me rends pas compte de ce que je fais. Ce sont des choses qu'on sort de ses tripes. Il en sera de même toute ma vie. Appelons ça l'instinct. Robert disait: ‹Sonia a le sens atavique de la couleur›.»[11]

Sonia exécute son œuvre la plus importante de cette période en collaboration avec Blaise Cendrars (1887–1961), un ami de la maison Delaunay. Pour le poème de Cendrars «La Prose du Transsibérien et de la petite Jehanne de France» – un monologue intime du poète dans le transsibérien – Sonia

conçoit une suite de formes-couleurs abstraites en contrepoint, qui habillent tout le texte sur une hauteur de 2 mètres (et une largeur de 36 cm). L'œuvre intégrale, le texte et les illustrations qui l'accompagnent, se déplie en accordéon pour permettre une lecture et une observation simultanées (1913, voir ill. p. 39). Cette œuvre collective, qui fut tirée en un petit nombre d'exemplaires, eut un grand retentissement dans les cercles de l'avant-garde parisienne. A ce jour, le «premier livre simultané» peut être considéré comme le précurseur le plus important de tous les livres de création, avec les objets futuristes et constructifs réalisés dans le domaine du livre. Plus tard, Sonia sera amenée à réaliser des reliures avec des collages colorés pour d'autres poètes dont l'œuvre la touche, notamment pour Rimbaud, Mallarmé, Apollinaire, Minsky et Canudo. De même, elle créera des couvertures pour d'importants magazines et des catalogues d'exposition, entre autres pour les trois premiers numéros de la revue «Der Sturm» (La Tempête) publiée par Herwarth Walden. C'est dans la galerie de Walden, en Allemagne, que Robert avait fait en 1913 sa première exposition particulière (1913, voir ill. p. 40).

Les occupations de Sonia dans l'orbite de la littérature lui fournissent le prétexte à des créations très originales, destinées par exemple à des articles de marque tels que «Pirelli» ou «Zénith» pour lequel Cendrars composa aussi un petit texte: «Record! Midi bat sur son enclume solaire les rayons de la lumière Zénith.» (1913–14, voir ill. p. 40). Il se peut que Sonia ait été inspirée en particulier par le poème «Voyelles» de Rimbaud qui établit des correspondances entre les lettres, les sons et les couleurs.

A l'époque, ce thème fascinant de la correspondance entre les arts passionnait Sonia et Robert, mais aussi toute l'avant-garde parisienne qui était à la recherche de nouveaux moyens d'expression. Pour toutes ses études, Sonia utilisait les techniques les plus variées, depuis le dessin au crayon gras jusqu'à l'esquisse à l'encre de Chine, depuis la peinture à l'huile jusqu'à l'aquarelle etc… (*Prismes électriques*, 1914, voir ill. p. 44 et *Mouvement de foule. Prismes électriques*, 1914).

Avec ses travaux, Sonia alimentait les recherches de Robert sur les contrastes simultanés, tout en jetant les fondements de ses propres œuvres dominantes comme, par exemple, *Le Bal Bullier* (1913, voir ill. p. 42–43) et les *Prismes électriques*. Sonia et Robert aimaient la danse et se retrouver en compagnie de leurs amis dont ils partageaient les vues. Ainsi, avec des amis artistes, ils avaient pris l'habitude d'aller danser tous les jeudis au «Bal Bullier» sur le Boulevard Saint-Michel. Pour ces sorties, Sonia s'était confectionné une «robe simultanée» (1913, voir ill. p. 41), Robert pour sa part s'appliquait à porter des tenues aussi contrastées que possible. Cette année-là, les pistes de danse étaient prises d'assaut par le tango, une danse originaire de l'Argentine qui, avec ses rythmes sensuels, était sans aucun doute la plus proche de la sensibilité des Delaunay (*Tango Magic-City*, 1913, voir ill. p. 44).

Dans son imposante toile du *Bal Bullier*, Sonia esquisse une image animée aux couleurs vives et éclatantes, la vision d'une piste de danse simplement suggérée par de vagues silhouettes changées en couleurs pures au centre de la composition. La lumière crue, éblouissante, de la vie nocturne parisienne s'exprime ici dans une poésie colorée de contrastes simultanés. Cette fascination pour les effets de la lumière artificielle s'annonce aussi dans une autre œuvre culminante de Sonia, intitulée *Prismes électriques*. Dans cette peinture, le rythme de la couleur engendre un enchaînement systématique de formes circulaires semblables à celles que Robert et Sonia avaient pu observer dans les halos de couleur qui entourent des lampadaires électriques.

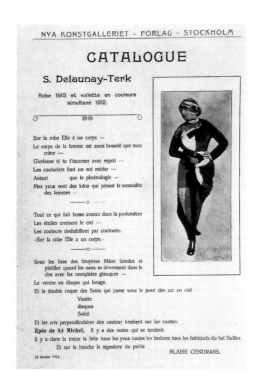

EN HAUT:
Poème de Blaise Cendrars pour Sonia Delaunay,
1914

A DROITE, DE HAUT EN BAS:
Sonia Delaunay:
Couverture pour «Zénith», 1913–14

Sonia Delaunay:
Couverture pour «Der Sturm», 1913

Sonia Delaunay:
Coffret, 1913

Il faut noter que les *Prismes* avaient été précédés d'une nouvelle série de Robert, les *Formes circulaires*.

Avec les *Formes circulaires*, Robert perfectionne son modèle de la «couleur pure». De l'observation de la lumière naturelle et artificielle, il déduit des formes circulaires, un élément de composition qui reviendra toujours dans son œuvre sous les aspects les plus variés. Le caractère lyrique et les sous-titres associatifs de ces peintures (*soleil, lune*) renvoient à cette métaphysique de la lumière propre à Delaunay, qui sous-tend aussi son manifeste sur la lumière.

«La lumière dans la Nature crée le mouvement des couleurs. Le mouvement est donné par les rapports des mesures impaires, des contrastes des couleurs entre elles qui constitue la Réalité. Cette réalité est douée de la Profondeur (nous voyons jusqu'aux étoiles), et devient alors la Simultanéité rythmique. La simultanéité dans la lumière, c'est l'harmonie, le rythme des couleurs qui crée la Vision des Hommes. La vision humaine est douée de la plus grande Réalité puisqu'elle nous vient directement de la contemplation de l'Univers.»[12]

La lumière non sensible se concrétise dans les couleurs. Plus la lumière est violente, plus il est nécessaire d'activer les couleurs dans leurs contrastes. En travaillant à ses formes circulaires, Delaunay élabore et perfectionne sans relâche son principe des contrastes des couleurs. Avec leur titre complémentaire *soleils* et leur sous-titre *lunes*, ces études signalent deux applications potentielles de la couleur. Les *soleils*, qui renferment des contrastes complémentaires plus forts, produisent de ce fait un effet immédiat auquel s'ajoutent des contrastes «en dissonance» – c'est-à-dire des contrastes qui ne sont pas exactement complémentaires – à l'origine d'un mouvement agité, une sorte de vibration (*Formes circulaires, soleil n° 2*, 1912–13, voir ill. p. 47).

Pour les *Formes circulaires* associées à la *lune*, Delaunay choisit des passages de mobilité, des transitions et des séquences de tons, des couleurs froides le plus souvent prélevées dans la gamme des bleus et verts (*Formes circulaires, soleil, lune*, 1913).

L'exemple le plus rigoureux et le plus magistral illustrant ces rapports entre les couleurs est fourni par la célèbre toile intitulée *Disque, première peinture inobjective, ou disque simultané* (1912–13, voir ill. p. 45) qui, avec son format circulaire, confère une force extraordinaire aux contrastes entre les couleurs posées de manière concentrique.

«Un jour, vers 1913, j'abordai le problème de l'essence même de la peinture. J'abordai la technique même de la couleur. On a appelé cette époque: peinture pure, et c'est alors que je faisais les expériences du Disque simultané. Ce disque primitif fut une toile peinte où les couleurs, opposées les unes aux autres, n'avaient de signification que celle de ce qui était visible; en vérité, des couleurs, par contraste, mises circulairement et opposées les unes aux autres. Mais quelles couleurs? Des rouges et des bleus, dans le centre, opposés – rouge et bleu déterminant des vibrations extra-rapides, perceptibles à l'œil nu, physiquement. Un jour j'ai appelé cette expérience le ‹coup de poing›. Autour, en formes toujours circulaires, j'ai mis d'autres contrastes, opposés les uns aux autres toujours et aussi, simultanément, à l'ensemble de la toile, c'est-à-dire à la totalité des couleurs.»[13]

Plus tard, Delaunay reconnaîtra dans le *Disque* sa première toile totalement inobjective. En vertu de son format circulaire et des relations chromatiques pures, cet objet pictural dépouillé de tout élément associatif susceptible de distraire l'observateur, est en réalité d'une modernité inouïe. Pour bien saisir la signification et la portée de cette forme, les expériences de Delaunay avec la lumière naturelle et artificielle réalisées durant cette époque sont primordiales. Ainsi que nous l'a rapporté Cendrars, Delaunay se livrait à

Sonia Delaunay vêtue d'une «robe simultanée» pour le «Bal Bullier», 1913

Sonia Delaunay:
Le Bal Bullier, 1913

Cette œuvre maîtresse de Sonia Delaunay a été inspirée par le «Bal Bullier», un dancing très célèbre à l'époque, situé sur le Boulevard Saint-Michel. Comme la «Closerie des Lilas» qui se trouvait juste en face, le «Bal Bullier» attirait beaucoup d'artistes. Là-bas, Sonia pouvait observer le mouvement des couleurs en contemplant les couples qui dansaient le tango. Si l'on compare cette œuvre aux représentations qui l'ont précédée sur ce thème, le *Moulin de la Galette* de Auguste Renoir ou les études de danse de Degas par exemple, Sonia pousse bien plus loin la dissolution des formes pour créer un mouvement coloré.

des expériences prismatiques dans une pièce totalement obscure. L'observation du soleil et de la lune lui avait révélé par ailleurs l'expansion circulaire de la lumière dans les halos. Conforté par ces multiples expériences, Delaunay avait, semble-t-il, entrevu dans le cercle le modèle le plus probant et le plus réaliste de l'énergie de la couleur qui sera repris et développé par la suite dans sa série des *Formes circulaires*. Pour lui, le disque était une «forme mobile totale», capable de représenter aussi bien la totalité et la simultanéité des couleurs que le mouvement universel et l'expansion de l'énergie lumineuse.

Compte-tenu de leur identité de forme, le disque pourrait aussi être comparé à une grande cible du type de celles qui sont utilisées pour le tir à l'arc. Le contraste clair-obscur emporte le regard du spectateur vers le centre de la composition, or, dans le modèle de Delaunay, il est sans cesse rappelé vers

l'extérieur dans de grandes vagues excentriques. Chaque segment a sa propre couleur qui entre en interaction vibrante avec les autres tons homocentriques.

Même si le disque a été exposé pour la première fois en 1922 seulement, il compte parmi les incunables de la peinture abstraite et son influence se prolongera jusqu'à Kenneth Noland (*Bloom*, 1960, voir ill. p. 45) et Frank Stella. Pour Delaunay, cet objet pictural constituait une expérience audacieuse dont le rôle était de démontrer le pouvoir des couleurs de manière véritablement convaincante.

La forme circulaire en tant que germe de la nouvelle esthétique de Delaunay ne fut pas seulement utilisée dans des peintures abstraites. L'artiste la reprit aussi dans de grandes compositions ambitieuses qui lui étaient inspirées par des événements contemporains. En effet, Delaunay était un inconditionnel de

Avec la robe simultanée que Sonia s'était confectionnée tout spécialement pour ces soirées au «Bal Bullier», les deux artistes extravagants s'adonnaient moins au tango qu'à leur propre concept d'un art vivant de la couleur. Sonia Delaunay écrit: «J'ai porté moi-même mes premières robes simultanées. Apollinaire a aimé cet ensemble tailleur violet, longue ceinture violette et verte, corsage arlequin composé de pièces de drap, taffetas, tulle, pilou, moire et poult-de-soie juxtaposées. Le vieux-rose dialoguait avec le tango, le bleu nattier jouait avec l'écarlate.»

Sonia Delaunay:
Prismes électriques, 1914

Sonia Delaunay:
Tango Magic-City, 1913

la modernité, tout autant captivé par les effets de la couleur et de la lumière que par les dernières inventions de la technique qui avaient pour conséquence d'augmenter la mobilité de l'homme. Les courses automobiles spectaculaires au cours desquelles les records de vitesse étaient sans cesse améliorés, ainsi que les grands concours aériens, étaient à l'ordre du jour et alimentaient la chronique. Par exemple, la traversée de la Manche en 1909 par Louis Blériot fut saluée comme un acte prométhéen. A ce héros de l'aviation, Delaunay dédia une immense toile (*Hommage à Blériot*, 1914, voir ill. p. 46) qui associe des formes circulaires abstraites à divers symboles de l'aviation. Le sport, un autre thème moderne de l'époque, fournit à Delaunay un nouveau prétexte pour conjuguer une fois de plus les leitmotive «mouvement» et «simultanéité». Le point de départ de *L'Equipe de Cardiff* (1912–13) fut une photographie de presse prise à l'occasion d'un match de rugby. Delaunay emprunta au modèle l'attitude des joueurs, en leur adjoignant ici encore les emblèmes de la modernité: la Grande Roue, la Tour Eiffel et un biplan. Au sein d'une vaste composition, Delaunay combine les mouvements des joueurs à ceux de la Grande Roue en ascension, de la Tour Eiffel qui pointe vers les cieux et de l'avion désignant l'immensité de l'univers. Sur une affiche jaune se détachent les lettres «ASTRA», le nom d'une usine aéronautique très connue à cette époque, qui fait en même temps allusion aux idées universelles de Delaunay («jusqu'aux étoiles»). Dans sa version parisienne (*L'Equipe de Cardiff, troisième représentation*, 1912–1913, voir ill. p. 49), on peut lire le nom «DELAUNAY» sur un panneau publicitaire en bas à droite: l'artiste prend une part active au monde contemporain et se sent obli-

Robert Delaunay:
Disque, première peinture inobjective, ou disque simultané, 1912–13

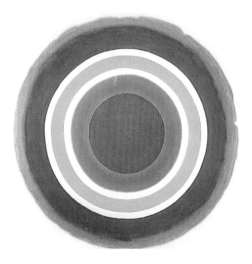

<u>Kenneth Noland</u>:
Bloom, 1960

gé envers lui, en tant que créateur d'une peinture neuve et actuelle. Delaunay reçoit ainsi de la modernité des impulsions décisives et il lui dédie en retour les nouvelles icônes du monde moderne.

Bien entendu, dans les années 1913, les Delaunay n'étaient pas les seuls à Paris à se passionner pour le monde moderne et à céder à cette «modernolatoria». Il y avait en particulier un groupe d'artistes originaire d'Italie, qui était bien décidé à dominer la vie artistique parisienne. Les futuristes, avec Marinetti à leur tête, se proclamaient les véritables inventeurs de la peinture moderne, par vanité sans aucun doute, mais aussi dans un souci stratégique. Ainsi, le concept de «simultanéité» aux multiples facettes fit naître une vive polémique dans laquelle Delaunay et Boccioni furent impliqués.

Par delà ces querelles avec les futuristes et la brouille de Delaunay avec son ami Apollinaire qui s'en suivit, il faut retenir avant tout cette recherche de nouveaux moyens de transcription du mouvement et du rythme, qui mobilisa tous les peintres modernes. Si, aux yeux des futuristes, le cubisme était trop statique, ils empruntèrent néanmoins à ce mouvement l'interpénétration et la géométrisation des objets, la seule différence étant que les sujets étaient plus dynamiques et plus modernes. Par exemple, Boccioni peignait des trains en marche et, d'une manière générale, des objets animés (*Dynamisme d'un corps humain*, 1913, voir ill. p. 48), en s'aidant des nouvelles techniques, le film (cinématographie) et la photographie. Ainsi, avec la chronophotographie de Marey et Muybridge, il était désormais possible de fixer les différentes séquences d'un mouvement au moyen d'une caméra à revolver spécialement conçue à cet effet. Mais, chez les futuristes, le mouvement reproduit

Robert Delaunay:
Hommage à Blériot, 1914

Tour Eiffel avec avion (carte postale)

semble figé et très artificiel en raison du décalage des phases à l'intérieur du motif. La transposition des séquences est symbolique et dépourvue de tout réalisme. Or, le but poursuivi par la peinture pure de Delaunay était justement celui-ci: faire naître le mouvement directement dans l'œil du spectateur, par la perception des relations qui s'instaurent, dans un processus immédiat et infini, entre les couleurs posées sur la toile.

Les antagonistes allaient se retrouver à l'occasion du «1. Deutscher Herbstsalon» (1er Salon d'automne allemand). Cette importante manifestation de l'avant-garde européenne avait été organisée par Herwarth Walden à Berlin en automne 1913, dans le dessein de présenter au public les différentes tendances de l'art moderne, les cubistes, les futuristes et les simultanistes. Les *Formes circulaires* de Delaunay furent exposées en public pour la première fois à cette occasion. Avec quatre ambitieuses peintures de Sonia – dont le *Bal Bullier* et les *Prismes électriques* – et plusieurs reliures colorées, abat-jour, coussins et autres objets peints, les époux Delaunay se proposaient de faire découvrir aux visiteurs les prolongements du «métier simultané» dans la vie quotidienne. «Le simultanisme dans la couleur crée une construction formelle totale, esthétique, de tous les métiers: ameublement, robes, livres, affiches, sculptures, etc...»[14]

Ces propos traduisent l'idée exaltante d'un «simultané» universel, la fusion de tous les milieux de vie dans le jeu lumineux des contrastes simultanés, cette synthèse vers laquelle tendaient les Delaunay par le truchement de leur œuvre.

Dans leur appartement de la rue des Grands-Augustins, Sonia et Robert Delaunay présentent leurs œuvres simultanées à des amis.

Robert Delaunay:
Formes circulaires, soleil n° 2, 1912–13
Dans la série des *Formes circulaires*, la lumière devient le thème principal, dans ses interactions colorées avec les contrastes simultanés. Si la série antérieure des *Fenêtres* était dominée par les facettes prismatiques, ici, Delaunay a trouvé le rythme naturel d'un mouvement circulaire pour mettre en valeur l'énergie cosmique de la lumière et de la couleur.

Le point de départ de *L'Equipe de Cardiff* fut
une photographie prise à l'occasion d'un match
de rugby (à droite). Delaunay reprend l'attitude
des joueurs, à laquelle il adjoint des symboles de
la modernité: avion, Tour Eiffel, Grande Roue.
La dynamique de l'homme et de la technique devient le motif de cette peinture. Avec l'application des principes de sa «couleur pure» – l'interaction des couleurs – le mouvement est engendré
directement dans l'œil du spectateur. Delaunay
s'oppose ici aux futuristes, Boccioni par exemple, qui représentaient le mouvement de manière
symbolique seulement, via un décalage des
phases du motif.

Umberto Boccioni:
Dynamisme d'un corps humain, 1913

Robert Delaunay:
L'Equipe de Cardiff (étude), 1913

Robert Delaunay:
L'Equipe de Cardiff, 1913

ILLUSTRATION PAGE 49:
Robert Delaunay:
L'Equipe de Cardiff (troisième représentation),
1912–13

L'époque simultanée

La déclaration de guerre surprend les Delaunay alors qu'ils séjournent dans la région de Fontarabie en Espagne. La lumière intense et les tons chauds et clairs utilisés pour la décoration locale les subjuguent à tel point qu'ils décident de rester sur la péninsule ibérique et d'échapper à la tourmente de la guerre. A l'issue d'un bref séjour à Madrid, les Delaunay s'installent dans une villa avec le peintre portugais Eduardo Vianna et leur ami américain Sam Halpert à Vila do Conde, au nord du Portugal. Robert et Sonia sont enchantés par les richesses culturelles et naturelles du pays. «Ce pays, où aussitôt en arrivant on se sent enveloppé dans une atmosphère de rêve, de lenteur (…). Des contrastes violents de taches colorées, des vêtements de femmes, des châles éclatants avec les verts savoureux et métalliques des pastèques. Des formes de couleurs: femmes disparaissant dans des montagnes de potirons, de légumes, dans des marchés féeriques, au soleil (…).»[15]

Les thèmes folkloriques dictent à Robert et Sonia Delaunay des compositions qui associent des éléments figuratifs et objectifs aux *Formes circulaires* de 1913.

La grande Portugaise (1916, voir ill. p.54) est l'une des œuvres maîtresses que Robert Delaunay réalise durant cette période très féconde. Dans la partie droite du tableau, au milieu de formes circulaires, se profile la silhouette d'une femme revêtue d'un costume folklorique. Sur le plan chromatique, elle se confond totalement avec les couleurs chaudes et saturées qui l'entourent et contrastent avec quelques tons bleus assez froids. Le motif floral du châle, tout comme le grand cactus vert et fleuri en haut à gauche de la toile, compose une harmonie très réussie avec les formes abstraites et colorées. Pour transcrire certains détails du personnage, les mains ou les traits du visage par exemple, Delaunay utilise un langage stylisé qui ne rompt jamais l'unité de la composition chromatique. Avec une extrême délicatesse, les pastèques se diluent dans des émanations de lumière et de couleur; *La grande portugaise* se mue en personnage mythique radieux, en figure sacrée du monde méditerranéen.

C'est au Portugal que Delaunay exécute ses quelques nus comme, par exemple, la *Femme nue lisant* (1915, voir ill. p.53). Même lorsqu'il s'agit de traiter des motifs aussi académiques et aussi conventionnels, Delaunay fait briller les couleurs. La couleur pure met en valeur la sensualité du corps féminin dont les formes arrondies sont accentuées par la position du sujet, présenté de dos. Les cercles de lumière qui en émanent, se propagent à l'ensemble de la composition jusqu'à rejoindre les disques situés en arrière-plan. Avec une étonnante virtuosité, Delaunay absorbe des motifs objectifs dans sa peinture de la couleur pure, même dans un tableau de genre

EN HAUT:
Robert Delaunay:
Nature morte portugaise, 1915

EN BAS:
Sonia Delaunay:
Nature morte portugaise, 1916

ILLUSTRATION PAGE 50:
Sonia Delaunay:
Chanteur Flamenco (dit Grand Flamenco),
1916

Amadeo de Souza-Cardoso:
Chanson et un oiseau brésilien, 1919
Par l'utilisation ornementale de formes circulaires, cette peinture de Souza-Cardoso rappelle les études de Sonia et Robert Delaunay. Le jeune peintre portugais avait fait la connaissance des Delaunay à Paris. De retour dans son pays après la déclaration de la guerre, il a entretenu jusqu'en 1917 une correspondance suivie avec le couple qui, entre temps, était venu s'installer à Vila do Conde.

des plus traditionnels comme nous en avons l'exemple ici. Sonia pour sa part est tout aussi créative que son mari. Par le truchement de la couleur pure, elle approche son thème favori: la danse et la musique. Dans sa peinture intitulée *Chanteur Flamenco* (1916, voir ill. p. 50), la scène de musique, observée dans une «Bodega», se fond dans des cercles de couleur, telles des ondes sonores devenues visibles, qui auraient été transposées dans des phénomènes prismatiques. De quelques traits seulement, elle suggère dans un langage figuratif la scène intersectée et éclipsée par des segments circulaires colorés.

Ses natures mortes portugaises (*Nature morte portugaise*, 1916, voir ill. p. 51) exhalent ce même amour de la couleur. Quelques fruits déposés dans une coupe deviennent le cœur d'une composition, une explosion de couleurs brillantes. C'est comme si la lumière radieuse de la péninsule ibérique lui avait insufflé cette ultime certitude, cette nécessité de concevoir le monde comme une succession infinie d'ondes et de lumières colorées dont les pulsations pénètrent et transfigurent tout.

«Les lois, scientifiquement découvertes par Chevreul et vérifiées par lui sur l'expérience de couleurs pratiques furent observées par Robert et moi dans la nature, en Espagne et au Portugal où l'irradiation de la lumière est plus pure, moins brumeuse qu'en France. La qualité même de cette lumière nous permit d'aller plus loin que Chevreul et de trouver, en plus des accords fondés sur des contrastes, des dissonances, c'est-à-dire des vibrations rapides qui provoquent une exaltation plus grande de la couleur par le voisinage de certaines couleurs chaudes et froides.»[16]

Les contrastes de lumière disposés autour de formes circulaires dominent à tel point ses pensées qu'elle exécute un *Autoportrait* (1916) en reproduisant sur la toile des disques aux couleurs radieuses. Désormais, les deux peintres sont à tel point convaincus de la force de cette forme élémentaire qu'elle restera, même beaucoup plus tard, la base de toutes leurs compositions picturales. En fait, la forme circulaire est la synthèse de toutes les intentions plastiques et créatives des Delaunay, que l'on peut résumer en ces termes: faire naître, par la juxtaposition de contrastes de couleurs, le mouvement et la vibration de la lumière qui sont l'expression parfaite des pulsations de la vie,

L'atelier des Delaunay au Portugal

un principe toujours symbolisé par la couleur et la lumière dans les peintures de Robert et Sonia (*Disque. Portugal*, 1916).

Durant ces années, le chorégraphe russe Serge de Diaghilev et sa troupe à Madrid tiennent une place importante dans la vie des Delaunay et il en ressort une collaboration intense. Sonia conçoit des décors et des costumes pour le ballet «Cléopâtre» (1918, voir ill. p. 58) et, plus tard, pour «Aïda». Le public et les connaisseurs sont tout de suite enchantés par toutes ces créations simultanées. A Madrid, elle ouvre une «Casa Sonia» où elle propose ses propres compositions d'étoffes et accessoires de mode. Cette activité les aide à surmonter les graves difficultés financières auxquelles sont confrontés les Delaunay dans les années qui suivent la révolution russe.

En 1921, après un séjour de six années en Espagne et au Portugal, les Delaunay rentrent à Paris et s'installent dans un appartement situé au n° 19 du bou-

Robert Delaunay:
Femme nue lisant, 1915

Le prétexte à ce motif inhabituel qui a été traité en plusieurs versions au Portugal – les seules études de nus exécutées par Delaunay, avec les *Trois Grâces* –, est la fascination de l'artiste pour les phénomènes lumineux. Ici, le nu réfléchit les couleurs ou, plus exactement, déclenche des émanations de couleurs qui jaillissent, telles un feu d'artifice, tout autour du corps féminin.

Robert Delaunay:
La grande Portugaise, 1916
Un personnage féminin vêtu d'un costume aux
couleurs gaies (la verseuse) est représenté au milieu d'une nature morte luxuriante qui se fond
sans transition dans des formes circulaires abstraites. Il se peut que Robert se soit rattaché à la
mythologie de la femme symbole de fécondité;
ici, elle est source de couleur et de lumière.

levard Malesherbes. Leur domicile devient rapidement le rendez-vous de la
nouvelle avant-garde littéraire qui commence à se former à Paris autour du
dadaïsme et du surréalisme. Après la mort d'Apollinaire en 1918, victime de
l'épidémie de grippe espagnole qui sévissait dans toute l'Europe, le dadaïste
Tristan Tzara devint le pilier de leur nouveau cercle d'amis (*Portrait de Tristan Tzara*, 1923, voir ill. p. 59). Pour les Delaunay, Tzara – cet esprit audacieux et inventeur, qui considérait comme dépassés tous les arts en «isme» –
était le précurseur d'un art neuf et ouvert, produit de la synthèse du mot et
de l'image, de la musique et du langage, cette synthèse qu'ils revendiquaient
eux-mêmes. Tzara écrivait des poésies pour Sonia («Sur la robe elle a un
corps») que Sonia transposait en rythmes colorés. Sonia poussait très loin la
transformation simultanée et elle alla même jusqu'à faire imprimer les vers
de ses amis poètes – qui comptaient aussi Joseph Delteil, Philippe Soupault,
Vicente Huidobro et quelques autres – sur des robes aux couleurs gaies

(*Robes-poèmes*, voir ill. p.59). Tout était complémentaire, un mot faisait naître des couleurs, la couleur était en rapport avec la musique et la poésie. «Nous voyons une vague de mode simultanée montante qui correspond à un désir. Les tissus, les réclames, les meubles sont indéniablement en évolution vers la couleur vivante. On assistera à une transformation visuelle totale dans l'aspect du costume, de l'architecture, et des villes en général, tout aspect touchant l'ordre visuel vers une création pure et nouvelle vraiment expressive de nos désirs de vivre.»[17]
Si Robert a exécuté le portrait de plusieurs de leurs nouveaux amis, toutes ces œuvres ne célèbrent pas la couleur avec tant de force que le portrait de Tzara. Mais l'un des plus originaux est certainement le *Portrait de Philippe Soupault* (1922, voir ill. p.61). Dans cette composition, le poète se tient, le visage fermé, devant une fenêtre qui laisse entrevoir, telle une réminiscence du passé, la version d'une *Tour Eiffel* de Delaunay. Pendant que Robert pei-

Robert Delaunay:
La grande Portugaise ou La verseuse, 1916
La richesse naturelle et culturelle du Portugal suggère aux Delaunay de nouveaux thèmes picturaux qui sont empruntés à la vie populaire. Mais les principes à la base de leurs études ne varient pas. Les deux artistes concentrent leur attention sur la couleur plutôt que sur l'anecdotique. Aussi, il n'est pas rare que soient exécutées plusieurs versions d'un même motif, qui se différencient simplement par le modelé et la coloration. La plupart des travaux ont en commun la forme circulaire qui domine aussi la composition objective.

Sonia Delaunay:
Projet pour *L'hommage au donateur*, 1916
Cette immense esquisse exécutée avec une peinture à la cire était une étude destinée à une chapelle des jésuites à Valence do Minho au Portugal. Le thème religieux, imposé à Sonia, est transposé dans des rythmes circulaires de couleur qui convergent vers le Sauveur au centre de la composition. L'œuvre définitive ne fut jamais exécutée.

ILLUSTRATIONS PAGE 57:
Sonia Delaunay:
Danseuses, 1916–17
Les danseuses de flamenco ont suggéré à Sonia Delaunay de nombreuses esquisses qui traduisent le mouvement de la danse dans des cercles et des segments rythmiques de couleur. Sonia ne s'attache pas à fixer sur la toile un geste, elle est à la recherche d'un équivalent de couleur pour restituer la synthèse visuelle des mouvements.

gnait le portrait de ses hôtes illustres dans des esquisses parfois très conventionnelles, ceux-ci devaient s'immortaliser sur les portes et les murs de l'appartement du peintre (voir photo p.59). Les écrivains surréalistes Louis Aragon et André Breton, Joseph Delteil, Jean Cocteau, le couple de poètes Ivan et Claire Goll qui, comme les Delaunay, ne se contentait pas de pratiquer leur art, mais le vivait aussi intensément, comptaient au nombre de leurs invités. Quant à Sonia, elle ne s'en tenait pas au charmant rôle de maîtresse de maison. C'était elle la véritable instigatrice de cette communion entre les arts. D'ailleurs, n'avait-elle pas impulsé le mouvement, avec ses costumes originaux et ses créations de mode (*Projets de costumes*, voir ill. p.64)?

En 1923, Sonia réalisa les costumes pour la pièce de théâtre dadaïste «Le cœur à gaz» de Tristan Tzara (voir ill. p.58), cette pièce qui allait faire éclater une violente dispute entre Breton et Tzara et induire le schisme définitif entre le groupe dadaïste conduit par Tzara, et les surréalistes dogmatiques. Encouragée par les récents succès que lui avaient valu ses ouvrages décoratifs, Sonia ouvrit en 1924 une nouvelle maison de mode, avec le concours du couturier Jacques Heim dont l'épouse avait servi de modèle à Robert pour l'exécution de plus de 20 études et portraits utilisant le métier simultané (voir ill. p.62).

Dans sa «Boutique simultanée» située sur le Pont Alexandre III, Sonia présenta, à l'occasion de l'importante exposition des arts décoratifs de 1925, un ensemble de créations toutes plus étonnantes les unes que les autres. D'un point de vue actuel, il est difficile de dire qui d'entre elles étaient les plus audacieuses, la créatrice de ces costumes ou bien les femmes mondaines qui osaient se promener dans Paris, revêtues d'affiches colorées. Le *Portrait de Madame Mandel* (1923, voir ill. p.60) montre l'une de ces héroïnes de la mode dans un décor Arts Déco plutôt froid, qui rend plus éclatantes encore les couleurs de la veste. L'exécution de ce portrait est quelque peu inhabituelle pour Robert qui n'a pas recours ici à l'abstraction simultanée. Sur le mur de droite apparaît l'une des premières versions de la Tour Eiffel, cet «emblème» de Robert Delaunay. Durant cette période simultanée, il semblerait que Robert se soit rallié aux ambitions artistiques de sa femme, si l'on considère l'énorme travail de collaboration qu'il réalise pour tous ses projets de décoration. De manière sporadique seulement surgissent ici et là, au milieu de portraits plutôt conventionnels, quelques études dans le prolongement de l'œuvre géniale de l'avant-guerre comme, par exemple, l'imposante *Hélice* exécutée en 1923 (voir ill.

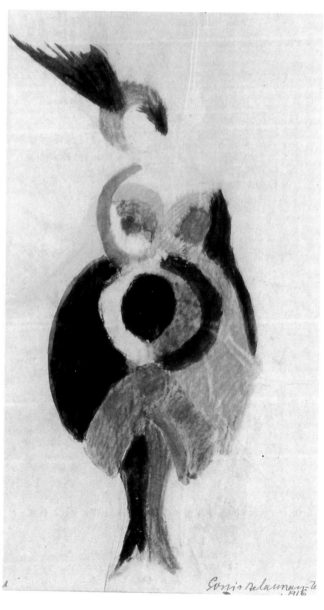

Sonia Delaunay:
Costumes pour «Cléopâtre», 1918

p.63). Même si elle porte l'initiale T de Tzara, la composition est incontestablement une résurgence des formes circulaires et elle annonce déjà le retour aux peintures abstraites des années 30.

Quelques nouvelles vues de la Tour Eiffel, par exemple la *Tour Eiffel* en grand format de 1926 (voir ill. p.65), sont également réalisées à cette époque. Celles-ci surprennent moins par la technique simultanée des contrastes de couleur pure que par les perspectives inhabituelles.

A cette époque, Robert était plus que jamais fasciné par l'idée d'incorporer ses inventions picturales dans une composition de plus grande envergure et de réconcilier l'architecture et la peinture dans une nouvelle synthèse. Cette opportunité allait lui être offerte par la commande d'une fresque murale, qui devait agrémenter le hall d'une ambassade dessiné en 1925 par l'architecte moderniste Robert Mallet-Stevens pour la Société des artistes-décorateurs. Tout comme le hall de l'ambassade, traité par l'architecte avec des formes géométriques froides, le panneau de Delaunay *La ville de Paris. La femme et la tour* (1925) – une nouvelle récapitulation de tous les thèmes modernes chers à l'artiste, couronnée par un disque simultané coloré – allait se heurter à la réprobation des officiels qui exigèrent le retrait pur et simple des œuvres de Delaunay et de Fernand Léger; lui aussi avait été convié à participer à la décoration du hall. Il fallut que les représentants des tendances modernistes se mobilisent massivement sous la direction de Delaunay pour faire annuler cet ordre.

Sonia et Robert s'engageaient dans des zones totalement inexplorées du métier simultané, comme par exemple, le design d'une Citroën B 12 (1925, voir ill. p.62) ou encore les décors des films «Le Vertige» de Marcel L'Herbier et «P'tit Parigot» de René le Somptier. Sonia dessina les costumes et l'habillage des meubles, tandis que Robert mit à disposition quelques-unes de ses œuvres maîtresses (*Le manège de cochons*, 1922, voir ill. p.62 et une vue de sa série *Les coureurs* de 1926 pour le «P'tit Parigot»; la *Tour Eiffel aux rideaux* de 1912 pour «Le Vertige»; voir ill. p.64). Un point culminant sera atteint avec les dessins de Sonia pour le ballet «Quatre Saisons» de Léonide Massine, dont la représentation n'eut pas lieu, mais qui fut néanmoins le prétexte à la réalisation des ouvrages les plus accomplis dans ce domaine.

Sonia Delaunay:
Costumes pour «Le cœur à gaz» de Tristan Tzara, 1923

Sonia Delaunay:
Robe-poème, 1922

Robert Delaunay:
Portrait de Tristan Tzara, 1923
A partir de 1919, Tristan Tzara (1896–1963) est
le chef du mouvement dada à Paris. Par l'intermédiaire de Jean Arp, Tzara devient un ami fidèle des Delaunay et en particulier de Sonia. Sur
cette toile, il porte une écharpe confectionnée par
elle. En 1923, elle participe à la création des costumes de la pièce à scandale «Le cœur à gaz»
(voir ill. p.58). A l'inverse, elle lui inspire des
robes-poèmes que Sonia transpose dans des esquisses riches de couleurs.

Cette activité fiévreuse des Delaunay doit être considérée dans le contexte d'un
mouvement artistique qui se profilait notamment en France et dont l'objectif
était la fusion des arts sous l'égide de l'architecture. En Allemagne, le Bauhaus
fondé à Weimar par Walter Gropius et transféré à Dessau en 1925, s'était enga-
gé dans une voie similaire. Par exemple, Vassili Kandinsky qui enseignait dans
cette école des cours de peinture murale, créa en 1928 des décors de scène
abstraits pour la pièce de Modest Moussorgsky «Tableaux d'une exposition».
Si de nombreux textes de Delaunay datant des années 20 sont dédiés à cette
collaboration de la peinture et de l'architecture à laquelle il aspire, à la vérité, on est encore bien loin de cet objectif dans la pratique, même à Paris. En
1926 par exemple, une vue monumentale de la Tour Eiffel qui avait été réalisée par Robert Delaunay pour décorer un projet de salle de séjour exécuté
par les architectes Djo-Bourgeois et Pierre Champion, fut refusée à la der-

Robert Delaunay, 1925

Robert Delaunay:
Portrait de Madame Mandel, 1923

Sonia Delaunay, 1923

ILLUSTRATION PAGE 61:
Robert Delaunay:
Portrait de Philippe Soupault, 1922

nière minute par le jury du Salon d'Automne. Ce rejet déclencha une fois de plus une violente protestation de la part des tenants de la modernité.

En 1929, lorsque des architectes, des projeteurs et des peintres à la pointe du progrès fondent l'Union des Artistes Modernes, Sonia Delaunay compte parmi les membres de la première heure. Cette année sera aussi celle de la crise économique mondiale. Sonia est obligée de renoncer à sa boutique de mode. Mais l'effervescence règne toujours chez les Delaunay et il n'y a pas de place pour les ambiances de crise. Déjà, une foule de nouveaux projets se bousculent, en attente de concrétisation, toujours et encore sous le signe de la couleur pure. Sonia écrit:

«La grande dépression de 1929 me sauva des affaires. Les commandes étaient stoppées. L'Amérique se repliait dans son naufrage économique. Je me rongeais en me demandant quel travail j'allais donner à mes ouvrières, comment j'allais payer mes charges, en tournant presque à vide. La réponse est venue en un éclair; nous étions assis, Robert et moi, à une terrasse en face du ‹Dôme›. Je remarque, de l'autre côté du boulevard, un père tranquille en train de fumer sa pipe au soleil. Ce philosophe serein – c'était le peintre Vantangerloo – m'indiquait la conduite à adopter. – Nous sommes bien bêtes de nous escrimer à maintenir coûte que coûte notre entreprise. Faisons comme Vantangerloo qui rêve au soleil. Il faut tout laisser tomber et revenir à la peinture pure.»[18]

En réalité, les Delaunay n'ont jamais totalement renoncé à la peinture, à aucun moment, comme en témoigne la riche production des années 20. Au milieu de cette période objective, Robert exécuta la toile *Hélice* (1923, voir ill. p.63). Ce détail technique devint le point de départ d'une composition abstraite propre-

le poète philippe soupault

Deux mannequins devant une Citroën B 12
décorée par Sonia Delaunay, 1925

EN HAUT A GAUCHE:
Robert Delaunay:
Portrait de Madame Heim
(étude), 1925

Robert Delaunay:
Le manège de cochons, 1922

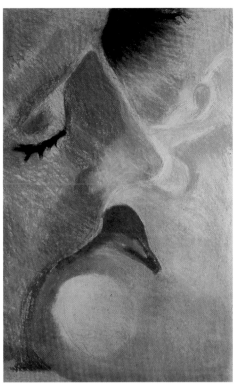

Robert Delaunay:
Le baiser, 1922

Robert Delaunay:
Hélice, 1923

ment stupéfiante. Dans un ample mouvement, une forme hélicoïdale en pleine giration se développe sur la surface du tableau en déployant d'abondantes pistes de couleur. La couche de peinture lisse et dense, la délimitation très précise des formes et l'utilisation du noir pour faire contraster les couleurs, préfigurent déjà les rythmes abstraits des années 30. Robert avait été inspiré par la commande de Michel Seuphor, pour lequel il devait concevoir la couverture d'un numéro spécial de la revue hollandaise «Het Overzicht» consacré à l'art abstrait. Sur un dessin en la possession de Seuphor, la silhouette de Tristan Tzara émerge en bas de la composition, tandis que ses initiales apparaissent au-dessus de lui. Le «T» jaune dans la composition abstraite rappelle le souvenir de son excellent ami. Dans l'imposant *Manège de cochons* (1922, voir ill. p.62), il y avait déjà une représentation de Tzara en costume, avec son chapeau et son monocle. La prédilection de Delaunay pour les mouvements dynamiques de la vie moderne lui avait suggéré ce motif qui, perdu dans des chevauchements de formes circulaires, dans ce tourbillon de formes de couleurs chargées d'allusions au monde objectif, devient inintelligible pour le spectateur.

Devant l'*Hélice* de Robert, mannequins portant des robes créées par Sonia Delaunay, 1928

Sonia Delaunay:
Projets de costumes pour le carnaval de Rio,
1928

Sonia Delaunay a imaginé une foule d'applications pour les contrastes simultanés de la couleur. Ses dessins de mode témoignent de son sens inné de la couleur et de l'ornementation. Les recherches engagées par Sonia et Robert dans l'optique d'une fusion des arts les amenaient à découvrir sans cesse de nouveaux domaines. Pour les décors du film «Le P'tit Parigot» (1926), Sonia créa les costumes et l'habillage des meubles, tandis que Robert mit à disposition quelques-unes de ses œuvres (voir ci-dessous). Les peintures de Robert n'étaient ni nouvelles, ni provocatrices. Elles s'accordaient tout simplement avec le goût de l'époque et composaient une belle harmonie avec les décors de Sonia.

Acteur portant une robe de chambre confectionnée dans un tissu de Sonia Delaunay.

Décor intérieur pour le film «Le P'tit Parigot» avec des œuvres de Robert Delaunay.

Robert Delaunay:
La tour et le Champ-de-Mars, 1924–25

Robert Delaunay:
Tour, Paris, 1924
Après une pause de dix années, Robert Delaunay
s'intéresse à nouveau au thème de la Tour Eiffel;
entre 1924 et 1930, il en exécute plus de vingt
versions. A la différence des tours des premières
séries aux couleurs violentes et aux formes dislo-
quées, ces tours Eiffel semblent bien stables et
sont présentées vues d'en haut ou d'en bas pour
mettre en valeur leur caractère monumental.

A GAUCHE:
Robert Delaunay:
Tour Eiffel, 1926

Rythmes sans fin

L'année 1930 marque un tournant décisif dans la vie des Delaunay. Après une longue pause, Robert revient à sa peinture abstraite de la couleur pure, avec une démarche beaucoup plus affirmée. Les conférences d'Albert Gleizes, qui mettaient en lumière le rôle historique de sa peinture pure, avaient peut-être ressuscité en lui ces idées maîtresses qui avaient guidé ses travaux dans le passé. De plus, à Paris, plusieurs de ses amis adeptes de la peinture abstraite, dont Alberto Magnelli, Auguste Herbin, Piet Mondrian, Sophie Täuber-Arp, Théo Van Doesburg, avaient constitué des groupes et diffusaient les théories de l'abstraction géométrique en organisant des expositions et des conférences (Cercle et carré, 1930 et Abstraction-Création, 1931; voir P. Mondrian, *Composition en rouge, bleu et jaune*, 1930).

Un autre élément capital fut l'engagement des Delaunay au sein de l'Union des Artistes Modernes. Ils entretenaient des relations avec le Bauhaus et le Deutscher Werkbund et, à partir de 1930, présentèrent aux côtés de peintures abstraites des ensembles mobiliers et des objets d'intérieur à l'occasion de leurs expositions annuelles. En 1930, Sonia y exposa un bureau sommairement aménagé, avec l'*Hommage à Blériot* (voir ill. p. 46) exécuté par Robert en 1914, qui occupe un pan de mur entier.

Les peintures en grand format de Robert, intitulées *Rythme, joie de vivre* (1930, voir ill. p. 66), traduisent un nouvel épanouissement de la couleur pure. Dans la composition, elles s'inspirent des *Formes circulaires* antérieures, mais les rappels au monde figuratif et les associations objectives sont définitivement extirpés pour faire place à un jeu musical pur de couleurs. Les peintures renferment les tons noirs et blancs, que Delaunay laissait totalement de côté dans le passé et qui procurent aux nuances chromatiques un contraste plus intense dans la gamme du clair-obscur.

L'ascension des segments circulaires qui s'entrecroisent, semble parfaitement arbitraire et produit une sensation de légèreté et de fluidité; pourtant, l'ensemble de la composition est rigoureusement pondéré et les couleurs équilibrées selon les lois du contraste simultané. Dans cette série, Delaunay se délecte tout à fait ouvertement du jeu de la couleur, de la lumière et du mouvement des contrastes. L'histoire de l'art a produit peu d'œuvres aussi accomplies exhalant un bonheur, une sérénité, une joie de vivre aussi immédiates, qui sont peut-être comparables en cela à certaines peintures de Matisse.

Les expériences auxquelles Robert se livre à partir de 1930 sont d'un intérêt essentiel, surtout si on les replace dans le contexte de son renouement avec l'art abstrait. Alors qu'il s'en était tenu jusqu'à présent à des techniques de peinture plutôt conventionnelles, Robert se lance dans l'expérimentation d'une quantité de matériaux picturaux parfaitement neufs. Il utilise ainsi la

Sonia Delaunay:
Recherche graphique, 1933

ILLUSTRATION PAGE 66:
Robert Delaunay:
Rythme, joie de vivre, 1930

caséine mêlée à des poudres de liège ou de la sciure de bois, des sables de différentes couleurs mélangés à une peinture à la colle, ainsi que des matériaux inédits à l'époque – qui ne sont plus employés aujourd'hui – tels que la pierre laque ou le rhodoïd.

Il se peut que Robert se soit laissé gagner par le goût de sa femme pour les expériences en tous genres. N'avait-elle pas montré l'exemple, dans le domaine des arts appliqués, avec des ouvrages grandioses, des décors de théâtre et des installations diverses ? Pendant ces années, Delaunay allait se consacrer en particulier à l'exécution de peintures murales, cette symbiose de la peinture et de l'architecture telle que Kandinsky et Schlemmer pouvaient la pratiquer au Bauhaus depuis les années 20 (exposition du Bauhaus, Weimar 1923). A l'instar de Kandinsky, Delaunay prend pour point de départ le tableau qu'il transpose sur un vaste panneau mural, comme le montre en 1930 la disposition des *Formes circulaires* pour le salon du docteur Viard. Avec ses reliefs, réalisés à partir de matériaux les plus divers qu'il ancre solidement dans l'architecture, Delaunay franchit une nouvelle étape. Il ne s'agissait plus d'imposer «de l'extérieur» les rythmes colorés, mais de les laisser déployer toute leur vigueur à l'intérieur de l'architecture même, au cœur du matériau (*Relief*

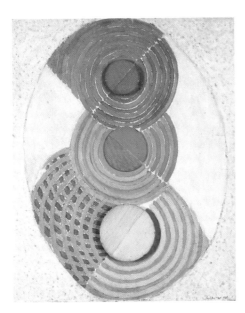  

A GAUCHE:
Robert Delaunay:
Relief Rythme, 1933

AU CENTRE:
Robert Delaunay:
Relief noir avec des cercles de couleurs, 1930–32

A DROITE:
Robert Delaunay:
Relief de bronze n° 1, 1936/37

ILLUSTRATIONS PAGE 69:
Robert Delaunay:
Rythme sans fin (trois versions), 1933

noir avec des cercles de couleurs, 1930–32, voir ill. p.68). Ici encore, Delaunay révèle ses talents de visionnaire si l'on considère que bien plus tard seulement, l'industrie chimique serait capable d'élaborer des matières plastiques et des matériaux de remplissage conformes aux exigences artistiques et autorisant les créations plastiques sur le mur et sur le tableau.[19]

Il semble que le domaine des arts appliqués exerçât sur Robert une fascination constante. Cette même année, il expose avec Sonia des tubes fluorescents et des lampes multicolores (*micatubes*) au Salon de la Lumière; ces objets sont accompagnés d'une peinture murale et d'un relief en pierre laque destiné à décorer l'intérieur d'une maison de week-end de l'architecte F. Aublet. Deux années plus tard, Delaunay allait collaborer avec F. Aublet à des ouvrages de bien plus grande envergure pour la préparation de l'Exposition universelle.

En 1933, Delaunay entame sa dernière série importante. Les *Rythmes sans fin* sont des compositions rigoureusement verticales ou parfois très légèrement obliques (*Rythme sans fin*, 1933, voir ill. p.69). Ces axes portent les

 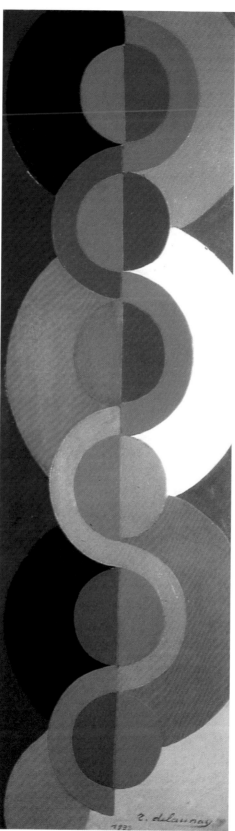 

pour air, Fer, et Eau   r. delaunay

éléments de base, des disques en alternance avec de grands et de petits anneaux, des contrastes colorés (complémentaires, chaud-froid, clair-obscur) et des disques polaires noirs et blancs qui provoquent une fracture brutale. Ceux-ci sont entourés de circonvolutions contrastantes noires et blanches elles aussi, à la manière d'un caducée. Cette ordonnance extrêmement sobre des éléments picturaux suffit à générer un rythme visuel intense qui semble sans fin en raison de cette rupture douce de la composition en haut et en bas. Le format allongé de ces peintures vise aussi à accentuer cette tendance vers l'infini, vers le cosmique. Avec leurs couches minces de peinture, leurs contours précis, leurs plages de couleurs saturées, sans aucune gradation, les *Rythmes sans fin* tournent le dos aux séries antérieures telles que les *Fenêtres* ou les *Formes circulaires*. Dans les *Rythmes sans fin*, Delaunay se rapproche de l'abstraction géométrique qui se propageait à Paris, où il était désormais célébré comme précurseur de l'art abstrait.

Pourtant, Delaunay ne s'est jamais considéré comme un tenant de la forme

Robert Delaunay:
Les trois Grâces, 1936–38
Le thème des «trois Grâces» préoccupe toujours Delaunay vers la fin de sa vie, lorsqu'on le charge de décorer les Pavillons de l'Air et des Chemins de fer pour l'Exposition universelle de 1937. L'esquisse préparatoire et l'étude font apparaître les trois silhouettes illustres sous une Tour Eiffel gigantesque. Ici encore, elles célèbrent la ville de Paris sous le signe de la modernité. Un relief décoratif fournit un ultime rappel à ce motif de l'antiquité, transposé par Delaunay dans notre monde moderne.

PAGE 70 EN HAUT:
Robert Delaunay:
Air, fer, eau, 1936

PAGE 70 EN BAS:
Robert Delaunay:
Air, fer, eau (étude), 1936

pure. Pour lui, l'image se construit à partir des seuls contrastes de couleur sur la surface de la toile dont l'interaction avec les contrastes simultanés génère l'espace, la lumière et le mouvement. Le rythme des formes-couleurs, l'union des tensions formelles et chromatiques à l'intérieur de l'image, se mêlent pour produire une impression simultanée vivante.

Ces compositions ont posé de nouveaux jalons dans l'histoire de l'art. D'une part, elles ont servi de modèle pour le développement de «l'art optique», une peinture qui était exclusivement axée sur la vision de la couleur et l'analyse de ses effets selon des lois bien définies (voir Bridget Riley ou Victor Vasarely); d'autre part, elles sont devenues un leitmotiv pour tous les peintres concrets constructivistes qui appuyaient leur art sur la répartition sensible des moyens picturaux dans lesquels se mêlaient le fond et la forme.[20] En 1935, les Delaunay sont pressentis pour participer à la décoration de l'Exposition universelle qui doit se tenir à Paris.

Mallet-Stevens et Aublet, deux architectes parisiens fervents partisans de la modernité, que les Delaunay connaissent personnellement, leur proposent de réaliser les décors pour deux gigantesques pavillons qui doivent célébrer le triomphe de la technique. Il s'agit du Palais de l'Air et du Palais des Chemins de fer. La surface à décorer ne couvre pas moins de 2500 m². Avec un enthousiasme sans borne, les Delaunay se mettent à l'ouvrage, assistés d'une équipe de 50 peintres triés sur le volet, parmi lesquels Albert Gleizes, Léopold Survage, Jacques Villon, Roger Bissière et Jean Crotti. Enfin, l'opportunité leur était offerte de concrétiser leurs utopies et leurs rêves les plus audacieux d'une association de l'architecture et de la peinture, d'une intégration des arts. Pour la première partie du Palais de l'Air, Robert réalise une coupole transparente en rhodoïd d'une hauteur de 25 mètres et d'une largeur de 36 mètres. A l'intérieur du hall, des cercles métalliques de couleur flottant dans les airs et des passerelles suspendues incarnent la dynamique et la vitesse qui caractérisent ce monde tout neuf de l'aviation et de la conquête de l'air (1937, voir ill. p.74).

Tandis que des structures métalliques tournoyantes matérialisent les forces invisibles de la machine dans le Palais de l'Air, Delaunay conçoit, pour le Palais des Chemins de fer, d'immenses peintures murales qui rassemblent à nouveau les thèmes de la modernité et la couleur pure dans une synthèse simultanée.

Dans l'étude *Air, fer, eau* (1936, voir ill. p.70) demeurée intacte, l'énergie du chemin de fer, visualisée par la couleur, se répand sur toute la surface de la toile sous forme d'amples rythmes circulaires de couleur. La *Tour Eiffel*, tirée de la version de 1926, aspire vers l'infini dans un geste monumental et cosmique; à ses pieds, coiffées d'un arc-en-ciel, les *Trois Grâces* sont réunies à nouveau. Le spectateur discerne au fond de la scène le Sacré-Cœur, également transfiguré, mué en une vision radieuse et colorée telle une Jérusalem céleste. Un parachute déployé devant les ondes circulaires des *Joie de vivre* symbolise le flottement des formes de couleur qui se laissent porter et renvoie par ailleurs à l'autre aspect de la modernité, la conquête de l'air. Cette peinture rend hommage avec exubérance et pathétique à ce siècle de la machine, riche de promesses, auquel s'associe de tout son être le peintre-constructeur Delaunay en tant que créateur d'un nouvel art populaire à la mesure du monde contemporain.

Sonia contribue à la décoration du Palais de l'Air avec la réalisation de trois grandes fresques sur les thèmes «Hélice, moteur et tableau de bord». Les trois esquisses conservées affirment un renouvellement de sa créativité picturale. C'est avec une fraîcheur toute nouvelle qu'elle aborde un métier inhabituel, tout en jouant avec les ressources de la couleur pure (1936, voir ill. p.73).

Pour un escalier dans le Palais des Chemins de fer, Sonia conçoit une immense composition qui porte le nom de *Voyages lointains* (1937, voir ill. p.76–77). L'esquisse à la gouache, qui a été conservée, illustre le thème du voyage dans une variante très claire et très gaie, pleine de couleurs et d'une facture souple, une réminiscence de la période portugaise. Cette composition exécutée sur un format oblong «monte» de la gauche vers la droite dans des proportions régulières. Le regard du spectateur est guidé par les pistes circulaires et les rythmes de couleur qui se concentrent au milieu pour prendre une valeur symbolique, parfois en contraste avec des personnages stylisés et des motifs décoratifs. Sur ce format de grande envergure, Sonia peut donner la pleine mesure de son tempérament de peintre.

Cette fresque de 225 mètres de long fut notamment exécutée avec le concours des peintres Broussart, Estève et Czobel (voir photographie p.77). Pour les décorations murales du Pavillon des Chemins de fer qui compren-

ILLUSTRATION PAGE 73:
Sonia Delaunay:
Projets de panneau pour le Palais de l'Air:
Hélice, Moteur d'avion et Tableau de bord, 1936
Sonia Delaunay sut aussi s'adapter aux prescriptions du donneur d'ouvrage. C'est ainsi qu'elle glorifia les avancées de la technique à l'aide du métier simultané. Le moteur d'avion, le tableau de bord et l'hélice symbolisent cette époque subjuguée par le monde de la technique. La sobriété des lignes est éclipsée ici par l'intensité des couleurs qui dénotent la joie de vivre, bien plus qu'elles ne désignent l'univers de la technique.

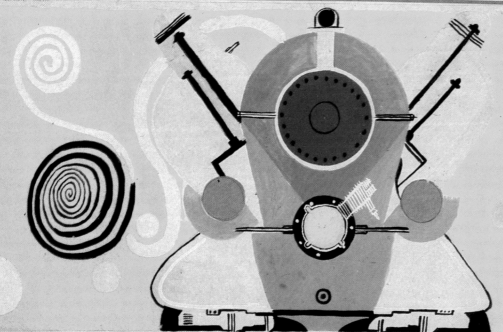

Robert Delaunay travaille pour l'Exposition universelle, 1937

Décor du Palais de l'Air, 1937

nent aussi une importante fresque intitulée *Portugal*, Sonia allait être récompensée par la médaille d'or.

Le succès de ces créations murales fut immense, même si l'ombre de la guerre qui se profilait, allait freiner leur triomphe dans le monde entier. A Paris, les Delaunay étaient devenus deux figures centrales pour les jeunes artistes qui se rencontraient chez eux tous les jeudis, afin de s'instruire sur le développement de la peinture pure de la bouche même de ses initiateurs. Peu de temps après, Othon Friesz invita les Delaunay à prendre part au Salon des Tuileries de 1938. Après quelques esquisses à la gouache, Delaunay exécuta trois peintures de taille moyenne qui devaient servir de support pour la réalisation des fresques murales de Sonia Delaunay et des peintres Gleizes, Villon et Lhote (1938, voir ill. p. 79). Ici encore, Delaunay se révèle un virtuose de la composition colorée. L'entrecroisement et l'interpénétration des rythmes suggérés par les cercles, les anneaux et les zones de couleur attestent une maîtrise absolue et, dans le même temps, une liberté extrême

Robert Delaunay:
Maquette pour le Palais des Chemins de fer, 1937

74

Robert Delaunay:
Hélice et rythme, vers 1937
Cette esquisse révèle les idées de Delaunay pour la décoration
du Palais de l'Air. Le thème des rythmes sans fin est à nouveau présent et occupe tout un côté du pavillon. Dans ce projet, les rythmes se mêlent aux constructions métalliques suspendues à l'intérieur du pavillon pour donner une forme
concrète à l'énergie invisible. Avec les avions exposés et les
structures suspendues, les peintures des Delaunay consti-
tuaient un environnement tout à fait spectaculaire, qui fut sa-
lué comme une innovation dans un domaine où l'art et la
technique se rejoignent.

Sonia Delaunay:
Baigneuse, 1929

EN HAUT:
Sonia Delaunay:
Voyages lointains, 1937

PAGE 77 EN HAUT:
Sonia Delaunay avec ses assistants devant la
peinture *Voyages lointains.*

PAGE 77 EN BAS:
Voyages lointains dans le Palais des Chemins de
fer, 1937

dans la composition décorative. Les nuances de couleur sont orchestrées avec harmonie et ne se heurtent plus avec brutalité dans des contrastes complémentaires, comme c'était le cas dans certaines toiles antérieures. Les contrastes violents se situent aux points forts de la composition et marquent l'apogée de l'interaction des couleurs.

Avant d'être atteint du cancer, avant de fuir l'occupation allemande et de mourir prématurément à Montpellier en 1941 des suites de sa maladie, Robert Delaunay a l'occasion d'exposer une dernière fois ses conceptions esthétiques dans toute leur vigueur. Avec sa femme Sonia qui, cette même année, exécute également des rythmes de couleur témoignant d'une sensibilité inouïe pour la coloration (*Rythme couleur*, 1938, voir ill. p.78 et *Composition*, 1938), Robert Delaunay explore les fondements d'une peinture novatrice qui déduit une nouvelle réalité picturale contemporaine des seules lois de la couleur. Chez Delaunay, il ne s'agit pas d'un art géométrique rigide, comme le montre clairement la comparaison de son œuvre avec celle de Kandinsky qui transpose dans des décorations murales un monde imaginaire composé d'éléments totalement libres (voir aussi V. Kandinsky, *Quelques cercles*, 1926). Delaunay avait la certitude d'avoir répondu aux exigences d'un monde régi par la modernité et la vitesse en élaborant un langage visuel et sensible, accessible à tous, qui était de plus si malléable qu'il se prêtait à n'importe quelle application pour ainsi dire, depuis les accessoires de mode jusqu'aux gigantesques compositions murales. «La peinture abstraite vivante n'est pas constituée d'éléments géométriques parce que la nouveauté n'est pas dans la distribution des figures géométriques, mais dans la mobilité des éléments constitutifs rythmiquement des éléments colorés de l'œuvre. (…) L'état lyrique de l'artiste et sa puissance visionnaire avec les lois organiques et rythmiques de la couleur-forme sont la garantie d'une œuvre abstraite vivante. Cette œuvre peut se marier intimement avec l'architecture, tout en étant architectoniquement construite en soi. Elle devient à ce moment la représentation vivante de son époque; elle est humaine, elle devient sociale.»[21]

Sonia Delaunay:
Rythme couleur, 1938

Robert Delaunay:
Rythme n° 1, 1938

Salon des Tuileries, 1938
Les dernières peintures importantes de Robert Delaunay furent
exécutées pour le hall aux sculptures dans le Salon des Tuileries. Les peintures à l'huile présentées ici servirent de modèle
aux immenses décorations qui furent exécutées par une équipe
de peintres. Aujourd'hui, elles se trouvent au Musée d'Art Moderne de la Ville de Paris. Avec une liberté étonnante, Delaunay traite le thème qui fut, toute sa vie durant, celui de son art:
le rythme de la couleur et de la forme, unies ici dans une
ample vibration.

Nous irons jusqu'au soleil

Après le décès de son mari, Sonia séjourne à Grasse de 1941 à 1944, où elle fréquente beaucoup le couple d'artistes Jean Arp et Sophie Täuber-Arp, avec lesquels les Delaunay s'étaient liés d'amitié lorsqu'ils faisaient partie du groupe Abstraction-Création au début des années trente. En collaboration avec Arp et Magnelli qui vit non loin de là, elle conçoit une série de lithographies (*Œuvres à deux*). Durant cette époque, quelques gouaches de petit format sont réalisées, au travers desquelles Sonia tente de retrouver son équilibre.

Tout d'abord, Sonia s'assigne pour objectif de faire connaître au grand public l'œuvre encore sous-estimée de son mari et d'en révéler la portée véritable. Après son retour à Paris, elle organise en 1946, dans la Galerie Louis Carré, la première grande exposition rétrospective de Robert Delaunay. Joseph Delteil, un poète et ami de longue date est chargé de rassembler les nombreux textes et documents dispersés ici et là en vue de leur publication. Après bien des atermoiements, c'est Pierre Francastel qui réalise enfin cette publication en 1957.

Après avoir tenté de remettre à sa place l'œuvre de son mari, elle se lance à nouveau dans la peinture en grand format. C'est le début de sa grande période de la peinture abstraite, qui voit naître des *rythmes-couleurs* en grand format très originaux. A sa longue expérience de la peinture pure portée par les contrastes de couleur, elle associe un vocabulaire élémentaire de segments circulaires et de rectangles.

Le premier *Rythme coloré* est exécuté en 1953. C'est un immense format oblong qui s'inscrit encore dans le prolongement des *Fenêtres* en contrepoint de Robert. Mais cette lumière qui baignait et transfigurait la composition dans les peintures orphiques de l'avant-guerre, qui éclaircissait et mêlait les couleurs, est désormais absente. Les tons rouges, bleus, verts et jaunes richement contrastés sont posés à plat à l'intérieur des formes géométriques, de même que les noirs, les blancs et les gris. Dans les portions de recouvrement des formes-couleurs, les surfaces demeurent couvrantes et saturées. Les formes sombres et non colorées sont présentes en grande quantité et confèrent à la composition un ton sérieux et solennel. Peut-être faut-il y voir l'écho de son appartenance au groupe de peintres abstraits à Paris qui, comme Mondrian, sont en quête d'un équilibre de formes géométriques. Si cette toile semble encore embarrassée par cette grande tradition à laquelle l'artiste avait elle-même pris une part active, les œuvres qui suivent sont déjà plus affranchies et montrent une plus grande maîtrise dans le maniement des formes-couleurs. *Composition. Rythme* de 1955–58 (voir ill. p. 84) présente un rythme-couleur plein d'élan, qui parcourt la surface picturale en dia-

Sonia Delaunay:
Projet de couverture pour le livre de Jacques Damase, 1969

ILLUSTRATION PAGE 80:
Sonia Delaunay:
Jeux d'enfants (tapisserie d'Aubusson), 1969

Sonia Delaunay:
Rythme coloré, 1948
Après la mort de Robert, Sonia s'attache à rendre hommage à l'œuvre de son époux. Au début des années 50 seulement, Sonia peut se consacrer à nouveau à son art. Le rythme coloré de 1948 est un retour précoce aux principes de la couleur et du rythme, auxquels elle reste fidèle.

gonale sur un fond de losanges et de rectangles. Sonia reprend le principe d'une succession rythmique de segments circulaires, identique à celles que tous deux avaient pu employer dans leurs œuvres culminantes des années trente. Contrairement aux compositions de son mari qui sont rigoureuses et dégagent parfois même une certaine inflexibilité, ces études révèlent une facette plutôt gaie et enjouée, en parfait accord avec le tempérament de Sonia et cette joie de vivre qui l'habite à nouveau.

Ces observations s'appliquent également à l'autre œuvre maîtresse des années cinquante, intitulée *Rythme couleur*. Dans une ordonnance de formes géométriques restreintes aux tons sombres, elle contient des segments circulaires qui s'élancent des tons noirs et sombres vers un contraste clair complémentaire fondé sur le rouge et le vert, posé dans l'angle supérieur gauche de la toile. C'est un coup de fanfare au milieu d'une convergence sonore, une rupture délibérée avec les anciennes règles du jeu.

Comme si cette impulsion lui avait été nécessaire, Sonia reprend ses ouvrages sur les correspondances entre la couleur et l'écriture. Elle réalise des illustrations – huit eaux-fortes en couleur – pour l'édition des poésies de Tzara, ami de longue date et compagnon de lutte (*Juste Présent*, 1961); à l'occasion d'une exposition de 43 gouaches en 1962 dans la Galerie Denise René à Paris, elle présente de nouvelles reliures richement colorées pour des œuvres de Rimbaud, Mallarmé, Cendrars, Delteil, Soupault et Tzara. Le «Kunstmuseum Bielefeld» édite un jeu de cartes utilisant des contrastes de couleur simultanés; c'est un clin d'œil joyeux aux ambitions synesthésistes du temps passé.

Avec une ardeur toute neuve, Sonia se replonge dans ses travaux pluridisciplinaires des années vingt. A nouveau, elle conçoit des décors et des costumes, comme elle l'avait fait jadis pour Diaghilev et pour le célèbre ballet russe. De même, elle exerce ses talents pour la représentation des «Danses concertantes» d'Igor Stravinsky au théâtre d'Amiens en 1968. Elle imagine aussi un alphabet simultané qui s'inscrit dans le prolongement de ses études antérieures sur les correspondances entre les voyelles et les couleurs des années vingt. Elle étend le champ de ses créations de couleur aux vitraux, aux carrosseries, aux habits, aux foulards, aux tapisseries en série; elle ira même jusqu'à dessiner la carrosserie d'une pimpante automobile de course (Matra B 530, 1967, voir ill. p. 87).

Les tapisseries en grand format exécutées d'après des cartons de Sonia Delaunay et qui allaient diffuser la gestuelle du simultané dans le monde entier (*Tapisseries d'Aubusson*, 1967, voir ill. p. 88), sont l'extension pour ainsi dire naturelle des contrastes simultanés et s'accordent totalement avec cette fusion de la couleur et de l'espace, vers laquelle tendait Robert au travers de ses projets monumentaux. De même, les motifs colorés d'un service de porcelaine qui fut produit en 1977 (voir ill. p. 85), sont l'écho de cette simultanéité universelle de la couleur et de la forme, du décor et du message.

A un âge où d'autres artistes se seraient depuis longtemps retranchés du monde pour vivre de leurs souvenirs, Sonia Delaunay se fait l'ambassadrice de la couleur et participe à de nombreuses expositions et cérémonies dans le monde entier. Vers la fin de sa vie, reprenant le nouveau langage de la couleur que Robert et elle avaient élaboré ensemble, elle conçoit une œuvre magistrale aux accents très personnels. Cette originalité se manifeste aussi de manière stupéfiante dans ses études tardives qui, une fois de plus, mêlent intimement la richesse de son expérience de la peinture abstraite et les lois de

Sonia Delaunay:
Rythme, couleur, 1952

Sonia Delaunay:
Rythme, couleur, 1958

la couleur, qu'elle utilise avec une parfaite intuition, pour faire naître une vision grandiose et magnifique.[22] Le *Rythme syncopé* (1967, voir ill. p. 85) renvoie déjà par son titre à la musique de jazz, cette musique que Sonia aimait depuis toujours et qui, à cette époque, était mâtinée d'intonations rock et produisait des sonorités nouvelles. Cette œuvre est-elle un «Hommage à Miles Davis»? Nous ne le saurons jamais. Toujours est-il que cette toile au format allongé illustre un thème musical qui, à partir d'une séquence initiale paisible avec une ample spirale noire sur fond de rectangles colorés (le «serpent noir» annoncé dans le titre), s'épanouit, via une zone intermédiaire composée de formes circulaires, en un staccato de rectangles étroits et larges fortement contrastés.

Cette même année, Sonia exécute la toile baptisée *Rythme couleur, grand tableau rond* (1967, voir ill. p. 85), un «tondo» aux formes-couleurs claires, avec des zones circulaires disposées en diagonale qui exhalent une atmosphère de légèreté et de sérénité. Avec cette œuvre insolite, il se peut que Sonia ait voulu rendre hommage, une fois encore, aux travaux de son époux qui, en 1912, mettait en lumière le principe fondamental des contrastes simultanés et complémentaires de la couleur à l'aide d'un disque.

Il faut savoir que Sonia ne s'est pas contentée d'accompagner son mari dans ses recherches en le guidant et en l'aidant à progresser avec ses propres travaux. Bien souvent, elle l'a aussi devancé et, après sa mort, elle a poursuivi

Sonia Delaunay:
Composition. Rythme, 1955–58

Sonia Delaunay:
Rythme syncopé, dit le serpent noir, 1967

son œuvre bien au-delà de ce qu'il aurait pu imaginer. En fin de compte, elle concrétisa ce rêve du triomphe de la couleur, et non pas simplement en utilisant la couleur à des fins décoratives sur des objets usuels – ce serait méconnaître et sous-évaluer le «principe Delaunay» – mais en se faisant l'écho des paroles de Robert qui, souvent, avaient pu sembler prophétiques.
«On assistera à une transformation visuelle totale dans l'aspect du costume, de l'architecture, et des villes en général tout aspect touchant l'ordre visuel vers une création pure et nouvelle et vraiment expressive de nos désirs de vivre.»[23]

Sonia Delaunay:
Rythme couleur, grand tableau rond, 1967

Sonia Delaunay:
Service en porcelaine de Limoges, 1977
L'imagination de Sonia Delaunay s'empara aussi du monde des objets usuels. Les motifs colorés confèrent un reflet superbe à ce service en porcelaine très sobre.

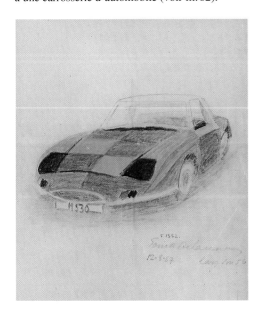

L'apport artistique des Delaunay ne s'est pas limité à la genèse d'un nouveau langage plastique qui serait venu allonger discrètement la liste des arts
en «isme». Au contraire, on peut considérer que leur œuvre fut littéralement
révolutionnaire, en ce qu'elle s'étend à toute la culture visuelle de notre
monde moderne, l'univers de la mode, les décors de théâtre et de cinéma, les
créations murales en architecture, la publicité, les expositions, l'art du livre
et les industries graphiques… en vérité, il n'y a pas un secteur de la vie sociale qui n'ait été touché par le déferlement de toutes ces innovations
conçues par l'esprit génial des Delaunay. Bien des éléments de notre paysage urbain qui nous semblent aujourd'hui ordinaires puisent leur origine
dans les idées autrefois audacieuses d'une transformation visuelle sous le
signe de la couleur et de la lumière. Et même si la technique est allée bien
au-delà des inventions de Robert et Sonia, le monde de l'industrie et de la
communication se nourrit encore de leurs conceptions.
Si l'idéal de la peinture de la couleur pure a été sans aucun doute dépassé
par l'évolution vertigineuse des arts, il n'est en aucun cas désuet si l'on envi-
sage le développement de la peinture dans le contexte de l'orientation analytique, fondamentale ou radicale. Le crédo des Delaunay, pour lesquels la
couleur devait être considérée comme un élément essentiel de la peinture, ne
saurait être passé sous silence, même à l'égard du formidable triomphe des
nouveaux médias. Quoi qu'il en soit, les termes employés par Delaunay
dans certains de ses écrits dénotent cette revendication crypto-religieuse
d'un salut par l'esprit, à laquelle de nombreux artistes de l'avant-garde ont
adhéré au début du siècle et qui, bien entendu, n'a jamais été exaucée et ne
le sera jamais.
Associée à une foi quasi naïve dans le progrès, cette ambition d'une activité
universelle de l'artiste, qui se prolongerait «jusqu'aux étoiles», a sans aucun
doute été jugulée par la réalité. Mais il est urgent de permettre aux artistes
d'intervenir dans la vie sociale – ce que les Delaunay ont prôné sans relâche
toute leur vie durant – et aujourd'hui plus que jamais, compte-tenu de l'indi-
gence de notre univers visuel.

Sonia Delaunay:
Tapisseries d'Aubusson, 1967
Courbe grise, Sans titre, Contrepoint, Guépard, Syncopé, Hélice

ILLUSTRATION PAGE 89:
Sonia Delaunay et des projets de tissus, 1970
Jusqu'à un âge avancé et sans jamais se lasser, Sonia Delaunay suivra la voie de la «couleur pure» dans laquelle elle s'était engagée autrefois. Il est surprenant de voir les multiples possibilités offertes par la combinaison de formes géométriques simples, à partir de quelques couleurs seulement. Ici, ce n'est pas tant l'aptitude de Sonia à imaginer de nouveaux motifs géométriques qui est remarquable, mais bien plus la démonstration, toujours aussi sublime, de la dynamique de la couleur.

Robert et Sonia Delaunay:
La vie et l'œuvre

1885 Le 12 avril, Robert naît à Paris. Après la séparation de ses parents, il est élevé par son oncle Charles Damour. Robert passe ses vacances dans sa propriété à La Berry, La Ronchère, dans la région de Bourges.
Sonia Terk est née le 14 novembre en Ukraine. En 1890, un oncle fortuné de Saint-Pétersbourg l'adopte.

1902 Après plusieurs échecs dans des écoles et des institutions, Robert Delaunay quitte le lycée à l'âge de 17 ans pour entrer en apprentissage dans l'atelier de décor de théâtre de Ronsin à Belleville.

1903–05 En Bretagne et à La Ronchère, Delaunay exécute ses premières peintures dans un style post-impressionniste. Dès cette époque, il souhaite se consacrer à la peinture. Il observe les toiles des impressionnistes et celles de la génération de peintres suivante (Seurat et Gauguin).
Sonia Terk quitte ses parents adoptifs à Saint-Pétersbourg pour aller étudier à l'académie des arts de Carlsruhe.

1905–08 Robert Delaunay visite de nombreuses expositions, dont la célèbre rétrospective de 1907 en hommage à Cézanne. Il se lie avec Jean Metzinger, le futur théoricien du cubisme. Dans la maison de sa mère, il fait la connaissance du poète et critique d'art Guillaume Apollinaire. Delaunay accomplit son service militaire en qualité d'attaché à la bibliothèque du régiment, à Laon, où il peut se plonger dans la philosophie allemande et la théorie de la couleur de Chevreul.
Après avoir lu l'ouvrage de Meier-Graefe sur l'évolution de l'art moderne («Entwicklungsgeschichte der modernen Kunst»), Sonia Terk se rend à Paris. En 1908, elle épouse Wilhelm Uhde, un marchand de tableaux de nationalité allemande. Dans son salon, Sonia Terk fait la connaissance de Robert Delaunay.

1909 Delaunay se lance dans ses premières séries originales : l'intérieur de l'église Saint-Séverin, la série des *Villes* et les vues de la *Tour Eiffel*. Il envoie ses œuvres au Salon des Indépendants. Un autoportrait cubiste met fin à la série des autoportraits.

Sonia avec une amie, rue des Grands-Augustins, 1913

Robert, Sonia et Charles au Portugal, 1916

Robert Delaunay, 1925

Sonia Delaunay devant sa Talbot, 1928

1910 En novembre, Robert et Sonia se marient. Le couple s'installe dans un appartement, rue des Grands-Augustins, qui leur sert également d'atelier. Les deux artistes garderont cet atelier jusqu'en 1935. La majeure partie des œuvres de Robert est réalisée ici.

1911 Leur fils unique Charles naît en janvier. Avec Metzinger, Gleizes, Léger et Le Fauconnier, Robert Delaunay présente trois œuvres dans la salle n° 41 du Salon des Indépendants. Cette première manifestation cubiste fermée déclenche un scandale. Invité par Kandinsky, Robert participe à la première exposition du groupe d'artistes munichois «Der Blaue Reiter». Dès les premiers jours, trois de ses œuvres sont vendues. Apollinaire devient l'imprésario personnel de Delaunay.

1912 Cette année est marquée par l'avènement de la «peinture pure». Après sa période cubiste «destructive» qui prend fin avec sa peinture en grand format *La ville de Paris*, Robert commence sa série des *Fenêtres*. Il écrit un manifeste sur la lumière; Paul Klee traduit cet article qui paraît dans l'édition de décembre de la revue «Der Sturm». Klee, Marc et Macke rendent visite à Delaunay à Paris et sont enthousiasmés par ses nouvelles études. Apollinaire baptise cette peinture «Orphisme» et s'engage pour la promotion de ce mouvement. L'année 1912 est aussi celle des *Formes circulaires*.

1913 En janvier, Robert Delaunay se rend en compagnie d'Apollinaire à l'inauguration de sa grande exposition particulière dans la galerie de «Der Sturm». Sonia se lie avec le

poète Blaise Cendrars, avec qui elle conçoit le *Premier livre simultané*. Elle applique le principe des contrastes simultanés au domaine des arts appliqués et crée des motifs pour des vêtements, des lampes, des couvertures, des coffres. Au «1. Deutscher Herbstsalon» en Allemagne les Delaunay sont présents avec une grande variété d'ouvrages.

1914–20 La guerre surprend les Delaunay pendant leur séjour en Espagne. Pour eux, c'est le début des «Grandes vacances 1914–1920» selon le titre donné par Sonia au chapitre de son livre qui retrace cette période. Les Delaunay émigrent au Portugal et partagent une maison avec leurs amis Eduardo Vianna et Sam Halpert à Vila do Conde.
Après la révolution russe, Sonia ne reçoit plus d'argent chaque mois de sa famille. Les Delaunay retournent à Madrid où Sonia ouvre une boutique d'artisanat, d'accessoires et de mode. Ils fréquentent le chorégraphe russe Diaghilev et le danseur Léonide Massine. En 1918, ils sont chargés de concevoir des décors de scène et des costumes pour l'opéra «Cléopâtre» de Diaghilev. En 1919–20, des expositions de Robert et Sonia Delaunay sont présentées dans la galerie de «Der Sturm». Les natures mortes et les scènes de genre exécutées au Portugal occupent le premier plan.

1921–22 Les Delaunay rentrent à Paris et s'installent dans un appartement, au 19 du boulevard Malesherbes. Ce lieu devient très rapidement le rendez-vous des poètes de la nouvelle génération, parmi lesquels Tzara, Soupault, Breton, Desnos, Crevel, Maïakovski

et Delteil. Robert peint le portrait de nombreux amis poètes. Sonia dessine des *robes simultanées*. En Mai 1921, une exposition commune d'œuvres de Robert et Sonia Delaunay se tient dans la galerie de «Der Sturm». En 1922, une importante exposition particulière des œuvres de Robert a lieu dans la galerie parisienne Paul Guillaume; son *Disque simultané* est également présenté.

1925 A l'occasion de l'Exposition Internationale des Arts Décoratifs à Paris, Sonia ouvre sa «Boutique simultanée» où ses idées de mode se vendent très bien. Elle expose des créations de tissu au «Salon d'Automne». Pour l'exposition des arts décoratifs, Robert exécute une immense peinture murale (*La femme et la tour*) qui est très vite retirée des cimaises en raison de son caractère jugé trop progressiste.

1926–27 Sonia dessine les costumes pour le film «Le P'tit Parigot» de Le Somptier, pour lequel Robert et Sonia réalisent les décors. D'autres décors de film sont créés pour «Le Vertige» de L'Herbier. Robert termine la deuxième série de ses *Tour Eiffel* et exécute plus de 23 portraits de Madame Heim, la femme du créateur de mode Jacques Heim qui détient les droits sur les modèles de tissus de Sonia.

1930 Robert revient définitivement à la peinture abstraite et exécute d'autres *Formes circulaires*. Avec ses *Reliefs*, il expérimente de nouveaux matériaux.
Sonia doit fermer sa boutique en raison de la

Pendant la préparation de l'Exposition universelle, 1937
A droite: Sonia Delaunay et, face à elle, Henri Matisse (caché); Robert Delaunay est le 3ème à partir de la gauche.

Sonia Delaunay dans son atelier parisien, 1953

crise économique mondiale. Elle se concentre à nouveau sur la peinture. Tous deux entrent dans le groupe «Abstraction-Création», une association à Paris qui réunit exclusivement des artistes adeptes de l'abstraction.

1933 Robert Delaunay se lance dans sa série des *Rythmes sans fin*. Par manque d'argent, le projet de publication d'un livre sur son œuvre ne se concrétise pas.

1934–36 A l'occasion du Salon des Tuileries, Robert et Sonia Delaunay présentent des compositions inobjectives. Au Salon de la Lumière, ils exposent leurs *micatubes*, des tubes luminescents en différentes versions. A l'issue d'une rétrospective sur le cubisme au Grand Palais, quelques œuvres de Robert Delaunay sont vendues: le Musée National d'Art Moderne se porte acquéreur de trois œuvres dont *La ville de Paris* de 1912, le Petit Palais achète un ouvrage et Solomon R. Guggenheim en acquiert trois pour sa fondation à New York.

1937 Exposition universelle à Paris. Avec le concours d'une équipe d'artistes, Robert et Sonia Delaunay réalisent d'imposants décors et d'immenses fresques pour les Pavillons des Chemins de fer et de l'Air.

1938 Les dernières œuvres importantes de Robert Delaunay, *Rythmes n° 1-2-3*, ornent le hall aux sculptures du Salon des Tuileries.

1939–41 Avec un groupe de peintres abstraits, Robert Delaunay crée le premier Salon des Réalités Nouvelles. Bien que déjà gravement atteint par la maladie, il tient tous les jeudis en soirée des conférences sur l'évolution de son art.
Lorsque la Seconde Guerre mondiale éclate, les Delaunay partent en Auvergne, puis à Mougins dans le Midi où ils rencontrent les Arp et les Magnelli. L'état de santé de Robert se dégrade rapidement en raison d'un manque de soins. Il entre en clinique à Montpellier.
Le 25 octobre, Robert Delaunay meurt d'un cancer.

1941–45 Sonia Delaunay fréquente les Arp et les Magnelli à Grasse et exécute avec eux quelques lithographies et des gouaches en petit format. En janvier 1945, elle rentre à Paris et décide de faire connaître l'œuvre de Robert. Des peintures des deux époux Delaunay sont exposées dans la Galerie Drouin.

1946 Sonia Delaunay organise le Salon des Réalités Nouvelles qui est dédié à la mémoire de son mari. Ses trois derniers *Rythmes*, qu'il avait réalisés en 1938 pour le Salon des Tuileries, sont exposés et suscitent l'attention de la génération des peintres inobjectifs de l'après-guerre. Jusque dans les années 50, Sonia s'emploie à replacer Robert comme il le mérite dans l'histoire de l'art. Parallèlement, elle poursuit ses propres recherches artistiques.

1953–59 Expositions particulières des œuvres de Sonia à Paris dans la Galerie Bing (1953), à New York dans la Rose Fried Gallery (1955) et à la Kunsthalle Bielefeld (1958); exposition d'œuvres de Robert et Sonia au Musée des Beaux-Arts de Lyon (1959).

1965–70 Grâce à Jacques Damase, les recherches artistiques de Sonia sont estimées à leur juste valeur. Désormais, elle est une artiste à part entière avec une œuvre originale. Importantes expositions aux Etats-Unis et au Canada. Elle conçoit des motifs de tapisserie, des mosaïques, des costumes, des carrosseries d'automobiles etc...

1971–79 Des cartons de Sonia sont transformés par Olivier à Aubusson en magnifiques tapisseries qui sont exposées au Musée de l'Impression sur Etoffes à Mulhouse.
Sonia reçoit le Grand Prix de la Ville de Paris et devient membre de la Légion d'Honneur.
En 1975, le Musée National d'Art Moderne rend hommage à Sonia Delaunay à l'occasion de son 90ème anniversaire.
Artcurial exécute en série limitée des textiles, des foulards, de la vaisselle et des nappes selon des modèles de Sonia.
Sonia fait une donation de manuscrits, d'impressions et de dessins des Delaunay à la Bibliothèque nationale.
En 1979, une grande rétrospective sur l'œuvre des deux artistes est organisée au Japon.
Sonia Delaunay meurt le 5 décembre à Paris.

Table des illustrations

25 en bas à droite
Robert Delaunay:
Champ-de-Mars, la tour rouge, 1911
Huile sur toile, 162 x 130 cm
Chicago (IL), The Art Institute of Chicago, Joseph
Winterbotham Collection, 1959.1

26 en haut
Robert Delaunay:
La Tour (étude), 1910
Encre de Chine sur papier, 62,8 x 47 cm
Paris, Musée National d'Art Moderne,
Centre Georges Pompidou

26 en bas
Pablo Picasso:
Homme à la mandoline, 1911
Huile sur toile, 162 x 71 cm
Paris, Musée Picasso

27
Robert Delaunay:
La Ville. Première étude, 1909
Huile sur toile, 88 x 123 cm
Londres, Tate Gallery

28
Robert Delaunay:
La Ville n° 2, 1910
Huile sur toile, 146 x 114 cm
Paris, Musée National d'Art Moderne,
Centre Georges Pompidou

29
Robert Delaunay:
Fenêtre sur la ville n° 4, 1910–11
Huile sur toile, 112 x 129 cm
New York, Solomon R. Guggenheim Museum

30 en haut à gauche
Robert Delaunay:
Portrait du douanier Rousseau, 1914
Huile sur toile, 71 x 60 cm
Mayenne, Musée de Laval

30 en haut à droite
Robert Delaunay:
Portrait du douanier Rousseau, 1910
Fusain sur calque, 55 x 44 cm
Paris, Musée National d'Art Moderne,
Centre Georges Pompidou

30 en bas
Robert Delaunay:
La route de Laon, 1912
Huile sur toile, 81 x 100 cm
Paris, Musée National d'Art Moderne,
Centre Georges Pompidou

31
Robert Delaunay:
Les tours de Laon, 1912
Huile sur toile, 162 x 130 cm
Paris, Musée National d'Art Moderne,
Centre Georges Pompidou

32 en haut
Robert Delaunay:
La ville de Paris, 1910–12
Huile sur toile, 267 x 406 cm
Paris, Musée National d'Art Moderne,
Centre Georges Pompidou

32 en bas
Henri Rousseau:
Moi-même, portrait-paysage, 1890
Huile sur toile, 143 x 110 cm
Prague, Narodni Galerie

33 en haut à gauche
Robert Delaunay:

La ville de Paris, 1910–33
Huile sur toile, 234 x 294 cm
Paris, collection Toulouse-Coutrot

33 en bas
Robert Delaunay:
Les trois Grâces, 1909
Huile sur toile, 100 x 81 cm
Cologne, Collection Krystyna Gmurzynska-Bscher

34
Robert Delaunay:
Les fenêtres simultanées sur la ville, 1912
Huile sur toile avec pourtour en bois peint,
46 x 40 cm
Hambourg, Hamburger Kunsthalle

35
Guillaume Apollinaire:
Les fenêtres, 1913
Epreuve corrigée pour le catalogue de l'exposition «Robert
Delaunay», Berlin 1913
Paris, Bibliothèque Nationale

36 en haut
Robert Delaunay:
Une fenêtre, étude pour les trois fenêtres, 1912–13
Huile sur toile, 110 x 92 cm
Paris, Musée National d'Art Moderne,
Centre Georges Pompidou

36 en bas
Sonia Delaunay:
Etude de foule, Boulevard St. Michel, 1912–13
Crayons de couleur sur papier, 9,3 x 14,2 cm
Paris, Musée National d'Art Moderne,
Centre Georges Pompidou

37
Sonia Delaunay:
Couverture, 1911
Application avec des morceaux de tissus,
109 x 81 cm
Paris, Musée National d'Art Moderne,
Centre Georges Pompidou

38 en haut
Robert Delaunay:
Les fenêtres sur la ville, première partie, premiers
contrastes simultanés, 1912
Huile sur toile, 53 x 207 cm
Essen, Museum Folkwang

38 en bas
Robert Delaunay:
Fenêtres en trois parties, 1912
Huile sur toile, 34 x 89 cm
Philadelphie (PA), Philadelphia Museum of Art:
The A.E. Gallatin Collection

39
Sonia Delaunay:
La prose du Transsibérien et de la petite Jehanne de
France, de Blaise Cendrars, 1913
Gouache sur papier parchemin, 199 x 36 cm
Paris, collection Eric et Jean-Louis Delaunay

40 en haut à gauche
Sonia Delaunay:
Page de garde du catalogue de l'exposition de
Stockholm, 1916
Réalisation au pochoir sur papier, 32 x 43 cm
Paris, collection Eric et Jean-Louis Delaunay

40 en haut à droite
Sonia Delaunay:
Couverture pour «Zénith», 1913–14
Papiercollage, 66 x 81 cm
Paris, Musée National d'Art Moderne,
Centre Georges Pompidou

40 au centre
Sonia Delaunay:
Couverture pour «Der Sturm», 1913
Papiercollage, 40 x 30,5 cm
Paris, Musée National d'Art Moderne,
Centre Georges Pompidou

40 en bas
Sonia Delaunay:
Coffret, 1913
Huile sur bois, 20 x 36 x 24,5 cm
Paris, Musée National d'Art Moderne,
Centre Georges Pompidou

42/43
Sonia Delaunay:
Le Bal Bullier, 1913
Huile sur toile, 97 x 390 cm
Paris, Musée National d'Art Moderne,
Centre Georges Pompidou

44 en haut
Sonia Delaunay:
Prismes électriques, 1914
Huile sur toile, 250 x 250 cm
Paris, Musée National d'Art Moderne,
Centre Georges Pompidou

44 en bas
Sonia Delaunay:
Tango Magic-City, 1913
Huile sur toile, 55,4 x 46 cm
Bielefeld, Kunsthalle Bielefeld

45 en haut
Robert Delaunay:
Disque, première peinture inobjective, ou disque
simultané, 1912–13
Huile sur toile, diamètre 134 cm
Collection privée

45 en bas
Kenneth Noland:
Bloom, 1960
Acrylique sur toile, 170 x 171 cm
Düsseldorf, Kunstsammlung Nordrhein-Westfalen

46 à droite
Robert Delaunay:
Hommage à Blériot, 1914
Huile sur toile, 250 x 250 cm
Bâle, Öffentliche Kunstsammlung Basel,
Kunstmuseum

47 à droite
Robert Delaunay:
Formes circulaires, soleil n° 2, 1912–13
Peinture à la colle sur toile, 100 x 68 cm
Paris, Musée National d'Art Moderne,
Centre Georges Pompidou

48 en bas à gauche
Umberto Boccioni:
Dynamisme d'un corps humain, 1913
Dinamismo di un corpo umano
Huile sur toile, 81 x 65,5 cm
Milan, Galleria d'Arte Moderna

48 en bas au milieu
Robert Delaunay:
L'Equipe de Cardiff (étude), 1913
Dessin à la plume sur papier, 31 x 20 cm
Paris, Musée National d'Art Moderne,
Centre Georges Pompidou

48 en bas à droite
Robert Delaunay:
L'Equipe de Cardiff, 1913
Lithographie, 33 x 26 cm
Paris, Musée National d'Art Moderne,
Centre Georges Pompidou

49
Robert Delaunay:
L'Equipe de Cardiff (troisième représentation), 1912–13
Huile sur toile, 326 x 208 cm
Paris, Musée National d'Art Moderne,
Centre Georges Pompidou

50
Sonia Delaunay:
Chanteur Flamenco (dit Grand Flamenco), 1916
Cire, huile et colle sur toile, 174 x 144 cm
Lisbonne, Centre d'Art Moderne, Fondation Calouste
Gulbenkian

51 en haut
Robert Delaunay:
Nature morte portugaise, 1915
Peinture à la colle sur toile, 85 x 108 cm
Montpellier, Musée Fabre

51 en bas
Sonia Delaunay:
Nature morte portugaise, 1916
Cire sur papier, 68,5 x 95 cm
Paris, Musée National d'Art Moderne,
Centre Georges Pompidou

52 en haut
Amadeo de Souza-Cardoso:
Chanson et un oiseau brésilien, 1919
Canção e o pásaro do Brasil
Huile sur toile, 76 x 56 cm
Amarante, Musée Municipal Amadeo de Souza-Cardoso

53
Robert Delaunay:
Femme nue lisant, 1915
Huile sur toile, 140 x 142 cm
Paris, Musée National d'Art Moderne,
Centre Georges Pompidou

54
Robert Delaunay:
La grande Portugaise, 1916
Cire sur toile, 180 x 205 cm
Cologne, collection Krystyna Gmurzynska-Bscher

55
Robert Delaunay:
La grande Portugaise ou La verseuse, 1916
Huile et cire sur toile, 140 x 150 cm
Paris, Musée National d'Art Moderne,
Centre Georges Pompidou

56
Sonia Delaunay:
Projet pour «L'hommage au donateur», 1916
Cire sur toile, 130 x 327 cm
Paris, Musée National d'Art Moderne,
Centre Georges Pompidou

57
Sonia Delaunay:
Danseuses, 1916–17
Techniques diverses
Paris, Musée National d'Art Moderne,
Centre Georges Pompidou

58 en haut
Sonia Delaunay:
Costume pour «Cléopâtre», 1918
Costume pour Cléopâtre (à gauche): soie, paillettes, perles
Costume pour l'esclave (à droite): laine, soie, perles,
couvre-chef:
57,5 x 37 x 32 cm, robe: 114,5 x 46,5 cm
Cléopâtre: Collection Los Angeles County Museum of Art,
Museum Purchase with Costume Council Founds
Esclave: Collection Arthur A. and Elaine Lustig Cohen,
New York

59 à gauche
Robert Delaunay:
Portrait de Tristan Tzara, 1923
Huile sur carton, 105,3 x 75 cm
Paris, collection Eric et Jean-Louis Delaunay

59 à droite
Sonia Delaunay:
Robe-poème, 1922
Aquarelle, 37,7 x 30 cm

60 en haut à droite
Robert Delaunay:
Portrait de Madame Mandel, 1923
Huile sur toile, 123,5 x 124 cm
Paris, collection Eric et Jean-Louis Delaunay

61
Robert Delaunay:
Portrait de Philippe Soupault, 1922
Aquarelle et fusain sur papier, 195 x 130 cm
Washington (DC), Hirshhorn Museum and Sculpture
Garden, Smithsonian Institution

62 en haut à gauche
Robert Delaunay:
Portrait de Madame Heim (étude), 1925
Huile sur toile, 130 x 97 cm
Paris, Musée National d'Art Moderne,
Centre Georges Pompidou

62 en bas
Robert Delaunay:
Le manège de cochons, 1922
Huile sur toile, 250 x 250 cm
Paris, Musée National d'Art Moderne,
Centre Georges Pompidou

63 à gauche
Robert Delaunay:
Hélice, 1923
Huile sur toile, 100 x 81 cm
Ludwigshafen, Wilhelm-Hack Museum

63 en haut à droite
Robert Delaunay:
Le baiser, 1922
Pastel sur papier, 46,2 x 35,6 cm
Paris, Musée National d'Art Moderne,
Centre Georges Pompidou

64 en haut
Sonia Delaunay:
Projets de costumes pour le carnaval de Rio, 1928
Peinture à l'eau sur papier
Paris, collection Sonia Delaunay

65 à gauche
Robert Delaunay:
Tour Eiffel, 1926
Huile sur toile, 169 x 86 cm
Paris, Musée National d'Art Moderne,
Centre Georges Pompidou

65 en haut à droite
Robert Delaunay:
La tour et le Champ-de-Mars, 1924–25
Crayon lithographique sur papier, 35 x 25,2 cm
Paris, Musée National d'Art Moderne,
Centre Georges Pompidou

65 en bas à droite
Robert Delaunay:
Tour, Paris, 1924
Dessin
Paris, Musée National d'Art Moderne,
Centre Georges Pompidou

66
Robert Delaunay:
Rythme, joie de vivre, 1930

Huile sur toile, 200 x 228 cm
Paris, Musée National d'Art Moderne,
Centre Georges Pompidou

67
Sonia Delaunay:
Recherche graphique, 1933
Encre de Chine sur papier, 16,5 x 15 cm
Paris, Bibliothèque nationale

68 à gauche
Robert Delaunay:
Relief rythme, 1933
Ciment, liège et huile sur toile, 100 x 80,5 cm
Paris, Musée National d'Art Moderne,
Centre Georges Pompidou

68 au centre
Robert Delaunay:
Relief noir avec des cercles de couleurs, 1930–32
Huile et ripolin, plâtre et sable aggloméré sur contreplaqué,
46 x 38 cm
Paris, collection Eric et Jean-Louis Delaunay

68 à droite
Robert Delaunay:
Relief de bronze n° 1, 1936/37
Bronze, 130 x 96 cm
Paris, Musée National d'Art Moderne,
Centre Georges Pompidou

69
Robert Delaunay:
Rythme sans fin (trois versions), 1933
Huile sur toile, 150 x 45 chacun
Paris, Galerie Louis Carré

70 en haut
Robert Delaunay:
Air, fer, eau, 1936
Gouache sur papier, mis sur contreplaqué, 47 x 74,5 cm
Paris, collection Eric et Jean-Louis Delaunay

70 en bas
Robert Delaunay:
Air, fer, eau (étude), 1936
Crayon sur papier, 23,7 x 31 cm
Paris, Musée National d'Art Moderne,
Centre Georges Pompidou

71
Robert Delaunay:
Les trois Grâces, 1936–38
Relief, caséine sur toile, 73 x 92 cm
Paris, collection Sonia Delaunay

73
Sonia Delaunay:
Projets de panneau pour le Palais de l'Air: Hélice, Moteur
d'avion et Tableau de bord (3 esquisses), 1936
Gouache sur papier, 24 x 56 cm chacun
Paris, collection Eric et Jean-Louis Delaunay

74 en bas à droite
Robert Delaunay:
Maquette pour l'entrée du hall des réseaux, Palais des
Chemins de fer, 1937
Huile et sable sur plastique, 107 x 202 cm
Paris, Musée National d'Art Moderne,
Centre Georges Pompidou

75
Robert Delaunay:
Hélice et rythme, vers 1937
Aquarelle sur papier, mis sur toile, 72 x 82 cm
Paris, Musée National d'Art Moderne,
Centre Georges Pompidou

76 en haut
Sonia Delaunay:
Voyages lointains, 1937

Gouache sur papier, 34 x 92cm
Paris, Musée National d'Art Moderne,
Centre Georges Pompidou

76 en bas
Sonia Delaunay:
Baigneuse, 1929
Gouache sur papier, 30 x 25cm
Paris, Musée National d'Art Moderne,
Centre Georges Pompidou

78 en haut
Sonia Delaunay:
Rythme couleur, 1938
Huile sur toile, 158 x 154cm
Lille, Musée des Beaux-Arts

78 en bas
Robert Delaunay:
Rythme n° 1, 1938
Huile sur toile, 529 x 592cm
Paris, Musée National d'Art Moderne,
Centre Georges Pompidou

80
Sonia Delaunay:
Jeux d'enfants, 1969
Tapisserie d'Aubusson, 188 x 160cm
Paris, collection Etablissements Pinton

81
Sonia Delaunay:
Projet de couverture pour le livre de Jacques Damase, 1969
Gouache, 31,5 x 21,7cm
Paris, collection Sonia Delaunay

82
Sonia Delaunay:
Rythme coloré, 1948
Huile sur toile, 114 x 145cm
Paris, collection Eric et Jean-Louis Delaunay

83 en haut
Sonia Delaunay:
Rythme, couleur, 1952
Gouache sur papier, 56 x 76cm
Paris, Musée National d'Art Moderne,
Centre Georges Pompidou

83 en bas
Sonia Delaunay:
Rythme, couleur, 1958
Huile sur toile, 100 x 142cm
Paris, Musée National d'Art Moderne,
Centre Georges Pompidou

84
Sonia Delaunay:
Composition. Rythme, 1955–58
Huile sur toile, 158 x 215cm
Paris, Musée National d'Art Moderne,
Centre Georges Pompidou

85 en haut
Sonia Delaunay:
Rythme syncopé, dit le serpent noir, 1967
Huile sur toile, 125 x 250cm
Nantes, Musée des Beaux-Arts

85 en bas à gauche
Sonia Delaunay:
Rythme couleur, grand tableau rond, 1967
Huile sur toile, 225 cm de diamètre
Paris, collection Eric et Jean-Louis Delaunay

85 en bas à droite
Sonia Delaunay:
Service en porcelaine de Limoges, 1977
Porcelaine de Limoges
Paris, Artcurial

86
Sonia Delaunay:
Joker (figure du jeu de cartes), 1964
Jeu de cartes édité par la Bielefelder Spielkarten GmbH,
New York, Collection Jay Mark

87 en haut à gauche et au centre
Sonia Delaunay:
Illustrations pour «Les Illuminations» d'Arthur Rimbaud,
1973
Paris, collection Sonia Delaunay

87 en haut à droite
Sonia Delaunay:
Esquisse pour A. B. C. (troisième projet), 1947
Gouache sur papier, 23 x 25cm
Paris, collection Eric et Jean-Louis Delaunay

87 en bas
Sonia Delaunay:
Projet pour la Matra B 530, 1967
Crayons de couleur sur calque, 28 x 23cm
Paris, collection Eric et Jean-Louis Delaunay

88
Sonia Delaunay:
Tapisseries d'Aubusson: Courbe grise, Sans titre, Contre-point, Guépard, Syncopé, Hélice, 1967
Paris, Musée National d'Art Moderne, Centre Georges Pompidou

L'éditeur tient à remercier les musées, galeries, collection-neurs et photographes qui nous ont aidé à la réalisation de cet ouvrage. Outre les personnes et les institutions citées dans les légendes, nous souhaitons mentionner également: M. Aronowitz, © The Solomon R. Guggenheim Founda-tion, N.Y. (29); photograph courtesy of The Art Institute of Chicago, Chicago (25); Martin Bühler, Bâle (46); Samm-lung Krystyna Gmurzynska-Bscher, Cologne (33); David Heald, © The Solomon R. Guggenheim Foundation, N.Y. (20); Musée National d'Art Moderne, Centre Georges Pom-pidou, Paris (30, 36, 39, 44, 54, 61, 64, 67, 68, 69, 78, 80, 81, 82, 87); © Photo R.M.N., Paris (26); Foto Saporetti, Milan (48); Elke Walford, Hambourg (34); O. Zimmer-mann, Colmar (14)

Dr. Hajo Düchting est né à Düsseldorf en 1949. En 1981, il écrit sa thèse de doctorat sur les *Fenêtres* de Delaunay. Il vit à Munich où il enseigne et écrit des ouvrages sur l'art.

Notes

1 Cf. W. Uhde, Von Bismarck bis Picasso, Zurich 1938, p. 118 et s.

2 Dans ses écrits, Delaunay a mentionné à plusieurs re-prises l'influence exercée par ses premières séries sur l'expressionnisme allemand et, notamment, sur le film «Le cabinet du Docteur Caligari» de Carl Mayer, qui fut tourné avec le concours d'artistes de la revue «Der Sturm». Cf. Robert Delaunay, Du cubisme à l'art abs-trait, Documents inédits publiés par Pierre Francastel, Paris 1957, p. 55 notamment.

3 R. Delaunay, op. cit., p. 86 et s.

4 B. Cendrars, Aujourd'hui, Paris 1931, p. 135 et s.

5 R. Delaunay, op. cit., p. 62.

6 R. Delaunay, op. cit., p. 62.

7 R. Delaunay, op. cit., p. 58.

8 R. Delaunay, op. cit., p. 66.

9 P. Klee, Die Ausstellung des Modernen Bundes im Kunsthaus Zürich, in Die Alpen, juillet 1912, cit., de P. Klee, Kunst-Lehre. Aufsätze, Vorträge, Rezensionen und Beiträge zur bildnerischen Formlehre, Leipzig 1991, p. 53.

10 R. Delaunay, op. cit., p. 67.

11 S. Delaunay, Nous irons jusqu'au soleil, Paris 1978, p. 35.

12 R. Delaunay, op. cit., p. 146.

13 R. Delaunay, op. cit., p. 217.

14 R. Delaunay, op. cit., p. 110.

15 R. Delaunay, op. cit., p. 127.

16 S. Delaunay, op. cit., p. 75 et s.

17 R. Delaunay, op. cit., p. 174

18 S. Delaunay, op. cit., p. 102

19 En 1935, les créations plastiques de Delaunay utilisant des matériaux nouveaux furent exposées dans la gale-rie de la revue Art et Décoration et commentées dans la revue de Jean Cassou.

20 Cf. à ce propos Max Imdahl, Farbe, Kunsttheoretische Reflexionen in Frankreich, Munich 1987, chapitre 12: Vom contemplateur statique zum participant dynami-que, p. 143 et s.

21 R. Delaunay, op. cit., p. 95

22 A ce jour, la seule monographie consacrée à Sonia De-launay est celle d'Arthur A. Cohen (New York 1975). De nombreux catalogues – et notamment celui de l'ex-position Robert et Sonia Delaunay, Musée de l'Art Mo-derne de la Ville de Paris, 1985 – rendent hommage à Sonia, aux côtés de Robert Delaunay, et reconnaissent en elle une artiste à part entière, ayant une œuvre per-sonnelle. Cf. aussi la thèse de Peter Fassbender, Kupka-Balla-Delaunay/Terk, Eine Untersuchung zu den An-fängen der gegenstandslosen Malerei bis 1914, Kastell-laun 1979

23 R. Delaunay, op. cit., p. 174